AF569841

Die Kurzgeschichten spielen hauptsächlich in bekannten Regionen, doch bleiben die Geschehnisse reine Fiktion.

Bibliografische Information der Deutschen Nationalbibliothek
Die Deutsche Nationalbibliothek verzeichnet diese Publikation in der Deutschen Nationalbibliografie; detaillierte bibliografische Daten sind im Internet abrufbar über https://www.dnb.de

www.niemeyer-buch.de

Umschlaggestaltung: C. Riethmüller
Der Umschlag verwendet Motiv(e) von: 123rf.com
Druck und Bindung: Zimmermann Druck + Verlag GmbH, Balve
Printed in Germany
ISBN 978-3-8271-9287-5

Spannende Geschichten
aus Bayern

von Wolfgang Hofer

Inhalt

Prolog

Bayern, die Heimat der unergründlichen Südlichter, war schon immer anders. Und so ist es heute noch, erst recht zur Weihnachtszeit.

Zwar donnert auch hier der Weihnachtsmann mit dem Coca-Cola-Truck durch die Städte, aber gegen das Christkind kommt er nicht an. Das engelhafte Wesen, von Martin Luther erfunden, taugt einfach viel besser als liebenswerter Gabenbringer. Da kann der Opa mit dem dicken Bauch und dem Wuschelbart Gummi geben, wie er will. Außerdem verpestet er mit seinem 470-PS-Monster die Atmosphäre. Das himmlische Kind indessen fliegt emissionsfrei sowie geräuschlos und muss nicht einmal an einer Stromtanke aufgeladen werden.

In Bayern bekommt man auch keine Geschenke, sondern ein *Christkindl*.

„Wos fia oa Christkindl host heia griagt?“

„Oa neichs Eifon, fei pfundig!“

„Was für ein Weihnachtsgeschenk hast du dieses Jahr bekommen?“

„Ein neues iPhone, ganz super!“

Eines ist in Bayern allerdings auch nicht besser als anderswo. Hier gehen ebenfalls die Übeltäter um, sogar wenn das himmlische Kind segensbringend über ihnen flattert. Da mag der Söder Markus samt seiner Staatsregierung noch so zufrieden mit irgendwelchen Statistiken wedeln, dass der Freistaat gleich nach dem Vatikan das sicherste Land der Erde sei. Nix da!

Allerdings ist es unumstößlich, dass in weiß-blauen Landen einfach stimmungsvoller gemordet wird. Auf dem weltberühmten Nürnberger Christkindlesmarkt beispielsweise, im Kreise von gruseligen Perchten oder in der ebenso gruseligen Münchner Schickeria. Erst recht beim Schneewittchen hinter den sieben Bergen bei den sieben Zwergen und bei den Rosenheim-Cops.

Neugierig geworden? Dann ran die Verbrechen! Auf der nächsten Seite geht es los. Umbracht is!

Skandal in der Schickeria

Eine Schickeria besteht aus Menschen, die wahnsinnig wichtig sind. Oder die wenigstens so tun, als wären sie wahnsinnig wichtig.

Unverzichtbar in einer gescheiten Schickeria sind die Frauen, die hier Ladys genannt werden. Business-Ladys, falls sie selbst etwas auf die Beine gestellt haben, oder Society-Ladys, falls sie nur die Gattin von irgendwem Wichtigen sind. Die Notwendigkeit der weiblichen Komponente ist einleuchtend und in jeder bunten Galazeitschrift deutlich zu erkennen. Ladys kommen auf Pressefotos einfach besser rüber als Kerle. Das hat mit der Anatomie zu tun. Anatomie ist zwar etwas, das wir alle haben, aber bei den Mädels sieht sie einfach besser aus.

Erfunden wurde die Schickeria in den 70er-Jahren in München, sie ist dort legendär und immer noch quicklebendig. Auch wenn der schillernde Modezar Rudolph Moshammer sich hat umbringen lassen und Stars wie Jack Nicholson, Sean Connery oder Mick Jagger längst woanders ihre Champagner-Partys feiern. Tina Turner feiert auch nicht mehr im P1-Club, sondern im Himmel. Schade, aber wir haben ja noch Bully Herbig, Uschi Glas, Simone Ballack und Roberto Blanco.

Die Schickeria der Isarstadt scheut auch nicht die eisigste Kälte, um aufzufallen. So geschehen beim 1. Münchener Prominenten-Eisstockschießen zugunsten der Obdachlosen. Die allerdings während des Events weiterhin in ihren U-Bahn-Stationen bleiben sollten. Bei einem hochkarätigen Turnier auf dem zugefrorenen Nymphenburger Schlosskanal würden sie optisch ja eher deplatziert wirken. Das mochten ihnen die Wohltäter nicht zumuten.

Was sich als Vorteil herausstellte: Keiner konnte später den grausigen Mord am Filmproduzenten Wolfgang P. Alexander einem Wohnsitzlosen in die abgewetzten Schuhe schieben. Einen Mord, der die wohltätige Veranstaltung daran gehindert hatte, überhaupt stattzufinden.

Aber beginnen wir ganz von vorne. Ein Schickeria-Ereignis braucht unbedingt ein elegantes Vorglühen. In diesem Fall ein Sektfrühstück im

Königlichen Hirschgarten. Das Restaurant liegt im eigentlichen Hirschgarten, der ehemals ein Jagdrevier für Blaublütige war. Heute dient er als Freizeitoase mit Wildgehege und einem Biergarten für 8.000 Durstige. Das einstige Jägerhaus wurde zu einer gediegenen Großgaststätte erweitert, und da trafen sie nun alle ein, die Eisstock-Amateure mit den großen Herzen und den großen Armbanduhren. Man trug vornehmlich hochmodische Winterjacken von Bogner, schließlich war der Chef des Labels, der fesche Bogner Willy, ja auch einer von ihnen.

Rüschi war ebenfalls da, Ehrensache. Er wurde so genannt, weil er ausschließlich Rüschenhemden trug, die zwar aus der Zeit gefallen waren, aber ein schwuler Nobelfriseur darf alles. Weil eine Schickeria ohne schwulen Haarstylisten nur halb so schrill daherkommt. Rüschi hing am Rockzipfel von Rosi, der momentan angesagten Trachtendesignerin, deren Profession ebenfalls essenziell ist in Schickimicki-Kreisen.

Die Blubberbrause, selbstredend aus der Kellerei Nymphenburg, floss in Strömen, der Geräuschpegel war enorm, das Gewusel beträchtlich. So fiel niemandem auf, dass der Wolferl abgängig war. Wolfgang P. Alexander, seines Zeichens Regisseur und Filmproduzent mit extra großer Besetzungscouch.

Bis draußen ein Mordskonzert von Polizeisirenen losging. Blaulicht wischte über die Fenster des holzgetäfelten Stüberls, das Geplapper wurde leiser, die Neugier stieg.

Sie mussten nicht lange warten.

Schloss Nymphenburg hat als Geschenk angefangen. Der bayerische Kurfürst Ferdinand Maria von Savoyen ließ es als Dankeschön für seine Frau Adelaide erbauen, als sie ihm nach zehn Jahren Ehe den ersehnten Thronfolger gebar. Allein für das Gelände soll er 10.000 Goldgulden bezahlt haben, also umgerechnet fünf Millionen Euro. Das Wohnen in München war schon immer teuer.

Auch der weltberühmte Märchenkönig Ludwig II. ist in diesem Palast zur Welt gekommen, und der fast weltberühmte Wolferl Alexander hat gleich um die Ecke sein Leben ausgehaucht. Womit wir wieder bei unserer Geschichte wären und sich die Frage stellt, wer ihm den Stecker gezogen hat.

Das sollte die ermittelnde Beamtin herausfinden, Hauptkommissarin Elli Eder, eine rothaarige Schönheit. Bei ihrem Eintritt in die Behörde waren sofort die fernseherfahrenen Kobold-Experten auf der Bildfläche erschienen, die ihr den Spitznamen Pumuckl verpassten. Frei nach dem Schreinermeister Eder und seinem kleinen Werkstattgeist mit der feuerroten Haarpracht.

Diese Namensgebung interessierte allerdings in der High Society niemanden, denn Kommissarinnen gehören da eh nicht hin, außer sie sind Schauspielerinnen, die eine Kommissarin spielen. Maria Furtwängler war natürlich auch da.

Hätte sie als „Tatort"-Kommissarin Charlotte Lindholm die Zeugenbefragung durchgeführt, wäre bestimmt etwas herausgekommen. Sie hätte ja nur im Drehbuch nachlesen müssen. Elli Eder hatte kein Drehbuch, also wurde die Befragung ein Schlag ins Wasser, in diesem Fall eher in den Sekt. Die werten Herrschaften hatten keinen Schimmer von gar nichts.

„Sie sehen doch selbst, meine Schöne, wie voll es hier ist, da sieht man ja vor lauter Hirschen den Garten nicht mehr", witzelte der Hotelerbe Manni Meerkatz, um gleich danach in tiefer Trauer zu versinken. „Grundgütiger, der arme Wolferl, so ein lebenslustiger Kerl, und jetzt ist er tot. Ich bin ganz außer mir!"

Kommissarin Pumuckl begann, den tieferen Sinn des Begriffes *Small Talk* zu verstehen.

Meerkatz hatte übrigens den Ferrari heute nicht auf dem Gehweg geparkt, wie es sonst seine Gepflogenheit war. Es gab nämlich keinen Gehweg vor dem Hirschgarten. Und es gab auch keinen Ferrari mehr. Der Manni bewegte ab sofort einen rein elektrischen Porsche Taycan in Vulkangraumetallic mit gelben Bremsbacken. Schickeria goes Öko! Schickeria kauft nur noch Bio-Dinkel-Vollkorn-Frühstücksbrötchen und Porsche Taycans, weil es dem Image dient. Und weil die Presse darauf abfährt; das ist schließlich existenziell. „Wenn dich keine Sau mehr kennt, dann hast du einen Trend verpennt!"

Sekt war augenscheinlich ebenso existenziell. Die Kommissarin musste feststellen, dass einige Anwesende schon recht fleißig vorgeglüht hatten, somit war Informatives bei ihnen nicht zu holen. Der andere Teil hatte weder etwas Sachdienliches gesehen noch etwas gehört.

„Mein Gott, das tut mir jetzt leid, dass ich nichts weiß, schon wegen dem Wolferl, er war ja so ein unverzichtbarer Spezi, ein ganz wertvoller Mensch!"

Der wertvolle Mensch und unverzichtbare Schürzenjäger Wolfgang P. Alexander war im Dickicht hinter dem Parkplatz des Königlichen Hirschgartens erschlagen worden. Einfach gnadenlos zack, bumm, aber wenigstens dem Anlass angemessen. Mit einem Eisstock. Mit einem edlen Eisstock aus Birnenholz gedrechselt, der Griff aus Esche, Gewicht viereinhalb Kilogramm, sicher ist sicher. Ein einziger wuchtiger Schlag hatte ausgereicht. Keinerlei Fingerabdrücke auf der Tatwaffe, sie war offensichtlich nagelneu, wohl für das Verbrechen extra erworben.

Übrigens ein Frauen-Eisstock. Wann sich wohl die erste Grünen-Politikerin findet, die geschlechterneutrale Eisstöcke fordert?

In Pumuckls Kommissariat III rauchten die Rechner. Die Drucker spuckten alles aus, was über den Gemeuchelten zu finden war und über den glamourösen Haufen der Eisstockspieler, die ihr Turnier pietätvoll gecancelt hatten. Natürlich hatten sie vorher, genauso pietätvoll, vor den Pressefotografen posiert und ein eilig geschriebenes Transparent in die Kamera gehalten: „Unser Wolferl – unvergessen!" Dann waren sie ihrer Wege gegangen, besser gesagt mit dem SUV nach Starnberg, an den Tegernsee oder ins Glockenbachviertel gefahren. Wo man halt so wohnt, wenn man wer ist.

In einer der Edelkarossen hatte der Tod am Steuer gesessen. Aber in welcher?

Die Älteren unter uns erinnern sich noch an die Fernsehserie „Kir Royal" mit den Geschichten rund um den Klatschreporter Baby Schimmerlos und seine prominente Klientel. Damals ein Straßenfeger. Heute war eine Schulfreundin von Kommissarin Pumuckl Eder für die News aus den besseren Kreisen verantwortlich. Sie nannte sich Josephine, nach der Tänzerin Josephine Baker, die als Spionin für den französischen Geheimdienst gearbeitet hatte. Allerdings trug Pumuckls Freundin keine Bananen-Röckchen.

Sie saßen beim Franziskaner in der Residenzstraße und genossen den landesweit weltbekannten Leberkäs mit süßem Senf und lauwarmem Kartoffelsalat. Ein echtes bayerisches Schmankerl.

„Was ich dir jetzt erzähle, hast du alles nicht von mir", schickte die Journalistin streng voraus.

„Geht klar, wie immer. Wenn mir mal Internes herausrutscht, hast du das ja auch nicht von mir."

Schon in der Schulzeit hatten sie voneinander abgeschrieben, aber jede Kooperation standhaft geleugnet.

„Der Herr Wolfgang war ein Produzent gewesen, wie er im Enthüllungsbuch steht", begann Josephine mit ihren Auskünften. „Sein Weg vom kleinen Set-Fotografen zum Filmtycoon war gepflastert mit Mega-Erfolgen, ebensolchen Abstürzen und Skandalen. Privat drei gescheiterte Ehen und Affären bis zum Abwinken, das ist ja alles bekannt. Was nicht bekannt ist, aber jetzt ans Licht kommen dürfte, sind spezielle Partys, die er in seiner Villa arrangiert hat. Sie sollen sehr exklusiv gewesen sein. Nur handverlesene Gäste. Außerdem soll der Herr Alexander ein Freund der Jugend gewesen sein, der nachts durch Discos streifte und nach hübschen jungen Dingern suchte, die diese Partys bereicherten."

Pumuckl verschlug es die Sprache. Der Typ war ja ein Sausack hoch drei gewesen.

„Also jede Menge Motive für jede Menge Leute", stellte sie fest. „Rache einer Ehefrau ist zwar ausgeschlossen, weil keine vorhanden, aber Erpressung im Rahmen der lüsternen Spiele oder auch kurzer Prozess wegen eines Mädchens. Den kriege ich!"

Sie tratschten noch ein Viertelstündchen, was Frauen halt so tratschen, also über ihr Liebesleben. Das war leider nicht aufregend, sondern eher deprimierend, bei beiden Damen herrschte derzeit Flaute. Sie bedauerten sich gegenseitig, dann bestellte Josephine die Rechnung. „Investition in einen Exklusiv-Artikel, okay?"

„Okay, aber vorher kein Sterbenswörtchen!", mahnte die Kommissarin.

„Sterbenswörtchen ist in diesem Fall eine geniale Formulierung. Ich halte mich zurück."

Die Freundinnen drückten sich und traten hinaus in den frisch gefallenen Schnee. Pumuckl stieg die Treppen zur Operngarage hinunter und wunderte sich am Kassenautomaten, was es in München kostet, ein Auto abzustellen. Ein Auto, mit dem man nach der Ausfahrt aus der Garage gleich wieder dumm herumsteht, und zwar im Stau der Maximilianstraße. Aber wenigstens mit Aussicht auf weihnachtlich geschmückte Nobelläden von Gucci, Cartier, Ralph Lauren und Dior.

Aufgabenverteilung im Kommissariat III. Elli Eder hatte ihre Truppe um sich versammelt. Zugegeben, Truppe war übertrieben, gerade mal zwei Leute, aber echt gute.

Da war Chrissi, tiefgläubige Anhängerin der Manga-Kultur. Mangas, wir wissen es alle, das sind diese japanischen Comics, von denen Walt Disney seinen Welterfolg abgekupfert hat. Ihre Tradition geht bis ins Mittelalter zurück, da kann nicht einmal der alte Onkel Dagobert mithalten. Die charakteristischen Elemente der Mangas sind pastellige Farben, große Augen, süße Gesichter, das pure Kindchenschema. Zu bewundern an Chrissi mit ihren hellviolett gefärbten Haaren und der speziellen Kleidung. Heute ein rosa Hoodie mit einem weißen Pferdchen vor einem roten Japanmond, dazu schwarze Leggins mit Blümchenmuster.

John war das genaue Gegenteil. Ein Easy Rider in Jeans, Holzfällerhemd, Bikerjacke und Boots. Eigentlich hieß er Johann, aber bei seinen Spezis im Harley-Davidson-Club wäre er damit unten durch. Mit der Harley kam er auch jeden Tag zum Dienst. Und es kostete ihn stets Überwindung, sich auf den bürgerlichen Dienstwagen der Mittelklasse umzustellen. Wenigstens war es ein BMW.

Chrissi bekam die Abendschicht aufgebrummt, eine Tour durch die üblich verdächtigen Clubs, um etwas über Wolferls nächtliche Unternehmungen herauszufinden.

„John, du kommst mit mir, wir inspizieren die Villa des Toten. Ist der Durchsuchungsbeschluss da?"

„Ist eingetroffen, Chief." John war durch und durch Easy Rider, auch in der Wortwahl.

„Ach, der abgemurkste Produzent", stellte die Barfrau respektlos fest, als Chrissi ihr das Foto von Wolfgang P. Alexander unter die Nase hielt. „Der hat uns des Öfteren beehrt, immer auf der Suche nach den Schönen der Nacht. Vor ungefähr zehn Tagen habe ich ihn zum letzten Mal gesehen. Da hat er gleich zwei abgeschleppt, ziemlich junge Dinger."

Bingo, gleich im ersten Laden ein Volltreffer!

„Wer die Mädels waren, wissen Sie nicht?"

„Keine Ahnung, aber vielleicht kennt Gernot sie, mein Kollege. Der hatte damals auch Dienst, ist aber heute nicht da. Freier Tag."

„Dann soll er mich bitten anrufen."

Chrissi überreichte ihre Karte und glitt Manga-mäßig niedlich vom Barhocker.

Als sie zur Tür ging, stellte ihr ein peinlich cooler Typ sein Bein in den Weg: „Hey Baby, wie wärs mit uns zwei? Ich bin dein Traummann, musst du wissen."

Chrissi sah ihn mit ihren großen, auf süß geschminkten Augen an: „Und ich bin eine Bullenfrau, musst du wissen. Halt also die Klappe, du Würstchen, und geh mir aus dem Weg."

Auch Traummänner haben manchmal den Dreck im Schachterl.

Die Villa war erlesen eingerichtet, das mussten die Kommissare dem Lustmolch lassen. Pumuckl durchstreifte die Räume von oben bis unten, John übernahm das Arbeitszimmer. Es war mit kühler Eleganz möbliert, der Schreibtisch ein Designklassiker von USM Haller, Sofagruppe und eine Chaiselongue von Le Corbusier, eine echte Bergpalme bis unter die Decke. In den Metallregalen Fernsehpreise, goldene Kamera, goldenes Rehlein, chromblitzend gerahmte Fotos von Stars und Sternchen, signiert „für den lieben Wolferl".

John kannte sich nicht nur mit Harleys aus, sondern auch mit Rechnern. War aber gar nicht nötig, denn die Dateien waren ungesichert. Auch der Ordner mit den Fotos. Fotos von den Bunga-Bunga-Partys, die offensichtlich im verglasten Poolbereich stattgefunden hatten. Dort war wohl jede Ecke mit Kameras ausgestattet. Die hatten sowohl Gruppenbilder mit Damen geliefert als auch Nahaufnahmen der teilnehmenden Herren. Überzeugendes Material für schwierige Verhandlungen: „Du finanzierst mein neues Projekt volles Risiko mit, oder ich rede mit deiner Frau." Noch mehr Risiko.

John wühlte sich durch den E-Mail-Verkehr im Rechner. Auch da gab es Interessantes. Am interessantesten eine Nachricht, die erst kürzlich an den Schauspieler Lukas Leitmüller gegangen war. „… sehe ich mich aufgrund der drastisch sinkenden Einschaltquoten gezwungen, die Zusammenarbeit mit Dir aufzukündigen und die Rolle des Erfolgskommissars Hundhammer mit einem Kollegen aus der aktuellen jungen Riege neu zu besetzen."

Hundhammer war die Hauptfigur der Krimiserie *Morden in München*, ein Erfolgsformat, quasi ein lokaler bayerischer *Tatort*.

John war mit sich und den Ergebnissen hochzufrieden.

Pumuckl hatte die Räumlichkeiten durch, die so gut wie nichts ergeben hatten. Der Spielplatz der Lust war ja schon im Rechner dokumentiert, nur der Geruch dort nicht.

„Wie in einem thailändischen Edelpuff“, drückte sie sich drastisch aus. „Überall stehen große Flakons mit intensivem Parfüm herum, ich hab’s dummerweise ausprobiert.“

„Man riecht es deutlich. Aber woher kennst du dich mit thailändischen Freudenhäusern aus?“, grinste John.

Merke: Echte Easy Rider duzen auch ihren Chief.

Okay, die Villa war abgehakt, sie nahmen den Rechner mit und fuhren zurück ins Kommissariat. Dort ernteten sie verwunderte Blicke der Kollegen wegen des schwülen Duftes, den sie in den kargen Gängen hinter sich herzogen: „In welcher Klitsche waren die denn gewesen?“

Die Promimagazine der Fernsehsender kannten nur noch ein Thema. Da hätte Johnny Depp in der Badehose auf dem Hollywood-Boulevard tanzen können, sie hätten ihn ignoriert. Es gab nur noch Wolfgang P. Alexander, dem ein großer Unbekannter das Lebenslicht ausgeblasen hatte.

Die Schickeria leuchtete vorbildlich dagegen an. Mit Grabkerzen, die aufgestellt wurden, der Tatort verwandelte sich in einen Schrein mit Blumenschmuck, ja sogar mit Luftballons, auf denen per Filzstift R. I. P. geschrieben stand. Mehrere Kamerateams lagen auf der Lauer, um jede bekannte Nase abzufilmen, die sich an der exklusiven Kultstätte zeigte.

Elli Eder lümmelte auf der Couch und zog sich *Rasant* rein, das angeblich schnellste Klatschmagazin ever. Soeben war Manni Meerkatz mit dem vulkangrauen Taycan am Totenschrein vor dem Königlichen Hirschgarten eingetroffen. Die gelben Bremsbacken leuchteten im milden Kerzenschein, Manni trat an die Stätte der Erinnerung und legte eine einzelne weiße Rose in den Schnee. Dazu bewegte er die Lippen. Die Kommissarin hätte nur zu gerne gewusst, was er da lautlos von sich gegeben hatte.

Ha, Chrissi, die konnte helfen! Die Manga-Anbeterin war nämlich des Lippenlesens kundig.

„Holen Sie sich die Sendung aus der Mediathek und finden Sie heraus, was der Meerkatz sagt.“

Fünfzehn Minuten später der Rückruf: „Er sagt: ‚Das ist für dich, du Arsch!‘ Nicht sehr fein, oder?“

Das war nicht nur unfein, sondern vor allem verräterisch. Der Herr Hotelerbe hatte wohl einen Pik auf den Wolferl. Hatte der Meerkatz den Eisstock geschwungen?

Chrissi bekam an diesem Abend keine Ruhe.

„Hier ist Gernot", die Stimme war im Hintergrundlärm kaum zu verstehen.

„Welcher Gernot?"

„Vom Club *Isarflimmern*. Sie waren gestern da wegen Wolferl Alexander. Ich habe die beiden Mädels gesehen, und eine davon kenne ich. Charlene Meerkatz heißt sie. Dem Daddy gehört das Hotel Charivari in der Altstadt. Ein Möchtegern-Promi. Die andere habe ich nicht auf dem Schirm."

Ui, das waren ja Neuigkeiten! Chrissi bedankte sich und schaltete das Smartphone stumm. Schluss für heute!

Rückblende. Diesen Duft kannte sie. Die Mutter war wie vom Schlag getroffen. Irgendwann spät in der Nacht war ihre Tochter nach Hause gekommen, sie hatte es im Halbschlaf mitgekriegt.

Und jetzt dieses Parfüm überall in der Wohnung. Die Erinnerung an ein Monster. Anfangs hatte sie gerne mitgemacht, denn sie hatte ihn geliebt. Sie hatte alles für ihn gegeben, jeden Gedanken, jede Regung des Herzens und jede Faser ihres Körpers. Aber er hatte ihr für nichts gedankt. Er hatte alles genommen, und als er es leid war, hatte er sie abserviert. Sie hätte ihn umbringen sollen damals, dann wäre vieles nicht passiert.

Chrissi schneite herein, wie immer zehn Minuten zu spät. Heute in einem Herzchen-Parka mit lindgrünem Kragenpelz, Leggings mit Bambusmuster und Pelzstiefelchen. Sie brachte die Nachricht von Gernot, der Charlene identifiziert hatte.

John sichtete die Überwachungsvideos des fraglichen Abends. Charlene Meerkatz war tatsächlich am Sündenpool gefilmt worden. In einem goldenen Bikini, auf dem Höschen die Hand vom Wolferl. Sie hatte ein Champagnerglas in der Hand und stieß mit ihrer Freundin an, die ihrerseits in Gesellschaft eines Herrn war und ebenfalls einen goldenen Badeanzug trug. Die schien es wohl auf Vorrat zu geben, Funktionsbekleidung, wenn man so will.

Die Verdächtigen häuften sich also. Meerkatz, der Vater, vielleicht auch Meerkatz, die Tochter. Es hatte den Anschein, als würde die Familie sich geradezu aufdrängen, verdächtigt zu werden. Dazu noch Leitmüller, der gefeuerte Serienstar, und nicht ausgeschlossen jemand völlig anderes, der sich bislang der Aufmerksamkeit entzogen hatte. Jede Menge potenzielle Täter. Trotzdem: „Den Fall knack ich!" Pumuckl war wild entschlossen.

Die Schauspielagentin von Leitmüller war amüsiert. „Aber doch nicht der Lucky! Der war froh, dass es aus war mit der Rolle. Der Wolfgang hatte sich als Regisseur zum Terroristen entwickelt, er schrie nur noch rum und war mit nichts zufrieden. Die Haare zu brav, der Blick zu wenig cool. ‚Und man versteht dich nicht, du Dilettant, du nuschelst erbärmlich.' Die Hölle für jeden Darsteller. Also bin ich meiner Sorgfaltspflicht nachgekommen und habe mich nach Alternativen umgesehen. Jetzt hat Lucky einen Vertrag als Synchronstimme für die Hauptrolle in *Dublin Police*, einer irischen Serie mit bislang 120 Folgen. Da hat er genug zu tun, verdient anständig und muss auf seine alten Tage nicht mehr um halb sieben Uhr morgens bereitstehen, wenn der Fahrer ihn zum Dreh abholt. Sieben Uhr dreißig Maske, acht Uhr Drehbeginn. Irgendwann reicht es. Sie müssen sich ihren Mörder schon woanders suchen."

Das hatte überzeugend geklungen, Elli war geneigt, die Liste der möglichen Täter auszudünnen.

Der beste Freund der Mutter konnte eines ganz besonders gut, nämlich zuhören. Und so schüttete sie ihr Herz aus. Ein Herz, in dem sich dermaßen viel angestaut hatte, dass es kaum noch zu ertragen war. Sie erzählte, dass sie gerade 18 war, als Wolfgang P. Alexander sie angebaggert hatte. Ihre Bewunderung für den berühmten und gut aussehenden Filmboss war grenzenlos, ihre Gutgläubigkeit ebenso. Sie hatte ihm alle Sprüche abgenommen, hatte sich schon als neue Karoline Herfurth gesehen, vielleicht sogar am Beginn einer internationalen Karriere. Dabei war sie lediglich ein Sexobjekt gewesen. Den Geruch des schweren Parfums hatte sie immer noch in der Nase, und jetzt war die ganze Wohnung voll davon. Ihre Tochter hatte ihn mitgebracht.

Gut, dass er tot war, schlecht, dass er oder einer seiner Kumpanen ihr Mädchen vorher noch in die Finger bekommen hatte.

„Sagt die Kleine was, redet sie darüber?" Der beste Freund fasste einfühlsam nach.

„Genauso wenig, wie ich darüber geredet habe. Es war mein Geheimnis. Ich würde es allen anderen Mädels zeigen, die sich mit irgendwelchen halbgaren Burschen abgaben. Irgendwann würde die Bombe dann platzen, wenn ich es auf die Titelseiten geschafft hatte. Als dann die Bombe *gegen mich* geplatzt war, habe ich erst recht nichts gesagt. Da war es nur noch peinlich.

Meine Kleine hat sich in ihr Zimmer verkrochen, liegt bei geschlossenen Vorhängen auf dem Bett und hört lautstark Musik. Ich weiß, dass ich momentan nicht an sie herankomme."

Die Mutter begann zu schluchzen.

„Als er mich weggeworfen hat, wollte ich es tun, aber ich war zu feige."

Der Freund legte mitfühlend den Arm um sie. Dann schwiegen sie beide.

Die Bestattung war der Aufreger des Jahres. Ein Skandal hoch drei, ein gefundenes Fressen für die Journaille, für das Fernsehen und Tausende Trittbrettfahrer im Netz, die glaubten, sich mit Kommentaren hervortun zu müssen. Da hätte Johnny Depp splitternackt auf dem Empire State Building tanzen können, man hätte ihn ignoriert. Es gab nur noch Wolfgang P. Alexander, der in seinem weißen Designer-Sarg vorgeführt wurde wie niemals zu Lebzeiten.

Der Friedhof Bogenhausen, idyllisch gelegen am Isar-Hochufer, ist mit 208 Gräbern klein, aber hochfein. Quasi das Käfer-Zelt der Verblichenen. Man ist unter sich, denn nur handverlesene Tote kommen hier unter die Erde. Filmproduzent Bernd Eichinger, Regisseur Helmut Dietl oder die Schauspieler Helmut Fischer und Walter Sedlmayr.

Jetzt war Einzugstermin für den Wolferl. Die Trauergemeinde war unter strengsten Kriterien ausgewählt worden und schritt entsprechend wichtig und fernsehtauglich erschüttert hinter dem Sarg her.

RR hielt die Trauerrede. RR steht für Ralph Rossi, einen hochgeachteten und hochbezahlten Anwalt der ehrenwerten Münchener Bussi-Gesellschaft. Bussi-Rossi trug eine weiße Christrose im Knopfloch und begann eine Ansprache, die an Scheinheiligkeit einem Weltrekord nahe war. Der Sermon begann mit der „niederschmetternden Gewissheit, dass die Welt seit Wolfis tragischem Ableben eine andere geworden ist." Kleiner hatte er es nicht. Nun stünden sie hier mit aufgewühlten Herzen, um einem guten Freund für immer Lebewohl zu sagen. Einem einzigartigen Freund, einem großartig kreativen Freund, der Kunst sowie dem Guten und Schönen verpflichtet als auch der Menschlichkeit und Wohltätigkeit. Ein Freund, der durch unermüdliche harte Arbeit den Aufstieg in den

Olymp geschafft hatte und von dort nicht etwa selbstgefällig herunterblickte, sondern …

Rüschi, ganz in Schwarz, stieß ein Stöhnen aus und hielt sich die Ohren zu, er konnte das Gesabber nicht mehr ertragen. Und er fasste einen Entschluss.

„Wundere dich nicht, aber ich muss es tun", flüsterte er Rosi zu, der Trachtendesignerin. Vorsichtig wurstelte er sich durch die Phalanx der tief Betroffenen nach vorne, ging auf Bussi-Rossi zu und nahm ihm das Mikro weg. Einfach so. Der Anwalt stand wie vom Donner gerührt und musste zuhören, wie Haarkünstler Rüschi loslegte.

„Ich weiß, freundliche Abweichungen von der Wahrheit gehören zum Beerdigungsgeschäft. Jeder Priester schwindelt die Toten hoch zu Gutmenschen, aber was ich hier höre, ist eine infame Verdrehung von brutalen Tatsachen. Wolfgang war ein Egomane, nur er allein, niemand anders war ihm wichtig. Er hat Ideen geklaut und sie als eigenen Stoff verkauft, er hat Konkurrenten brutal ausgebremst, seine Schauspieler wie Sklaven behandelt. Er hat die Frauen und die Mädchen benutzt, die ihm vertrauten, die in ihm einen Heilsbringer sahen. Ich kenne eines der Mädchen sehr gut. Ich kenne auch die Mutter, der er das Gleiche angetan hat. In vielen Nächten habe ich von den Wunden geträumt, die er den Frauen geschlagen hat, ich habe ihre schreienden Herzen gehört, ihre Tränen getrunken. Ich wollte, dass damit Schluss ist, ein für alle Mal Schluss, er hatte schon genug angerichtet. Deswegen habe ich ihn getötet."

Die Menge erstarrte. Rüschi straffte sich, Genugtuung leuchtete aus seinem Gesicht.

„Es war das Sinnvollste, was ich je in meinem Leben getan habe. Ich werde dafür einstehen und werde immer darauf stolz sein."

Trachten-Rosi war zusammengebrochen, die Umstehenden sahen hilflos auf sie herunter. Nach einem kurzen Moment öffnete sie ihre Augen wieder und lächelte: „Macht euch keine Sorgen, helft mir einfach auf, bringt mich zu einem Taxi. Ich muss zu meiner Tochter, ich muss ihr beistehen. Gemeinsam werden wir es schaffen."

Es war der 23. Dezember. Der Fall war gelöst. Kommissarin Eder hatte zwei große Schokoweihnachtsmänner gekauft. Einen für Chrissi, einen für John.

„Tut mir leid, einen Manga-Weihnachtsmann gab es nicht und einen Biker-Santa-Claus auch nicht."

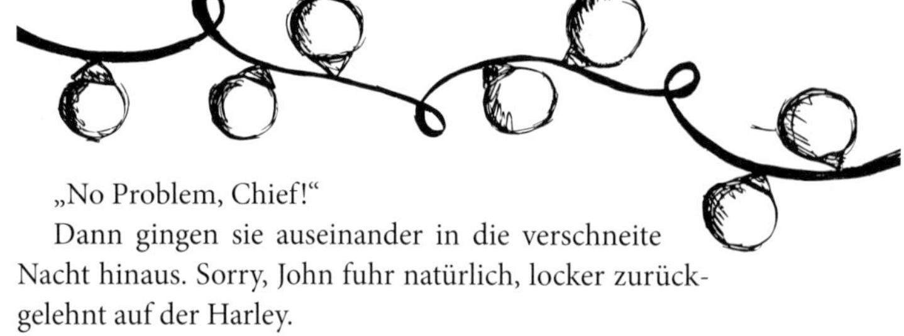

„No Problem, Chief!“

Dann gingen sie auseinander in die verschneite Nacht hinaus. Sorry, John fuhr natürlich, locker zurückgelehnt auf der Harley.

Ein Münchener Kriminalfall, wie es ihn wohl noch nie gegeben hat. Typisch für die Isarmetropole, die einst von Mönchen gegründet worden war und jetzt den Orden der Reichen und Schönen beherbergt. Noch heute findet sich ein niedlicher kleiner Mönch im Stadtwappen, das sogenannte Münchner Kindl, und auf den Etiketten von Bierflaschen ist ein promillefester älterer Klosterbruder zu finden. Womit wir wieder beim Franziskaner sind.

Beide Mädels waren zufrieden und stießen miteinander an.

Für Kommissarin Elli Eder war der Fall erfolgreich abgehakt. Kleiner Schönheitsfehler aus Ermittlersicht: Die Lösung hatte der Täter selbst geliefert. Ein Täter, der sich immer in der Rolle der erfolgreichen Witzfigur gefallen hatte. Als schräger Schwuli im Rüschenhemd mit dem teuersten Frisiersalon in ganz Bayern. Der aber tief drin in seinem Herzen voller Leidenschaft und Empathie gewesen sein musste. Sonst hätte er sich nicht zum Rächer berufen gefühlt. Elli mochte nicht darüber richten.

Josephine hatte ihren exklusiven Hintergrundbericht bekommen, eine volle Doppelseite plus Anerkennung durch den Zeitungsverleger.

Unterm Strich also alles Weihnachten!

Wären da nicht die Beziehungskisten gewesen, bei beiden Frauen zurzeit ungeöffnet. Kein Schachtelteufel, der heraussprang und verkündete: „Ich bin dein Traummann, musst du wissen!“

Also musste der Leberkäse herhalten und der lauwarme Kartoffelsalat. Plus ein kleines Helles. Oder zwei.

Die Freundinnen genossen und ratschten, als das Unvorhergesehene geschah. Zwei Typen setzten sich an den Nebentisch.

„Die sehen ziemlich gut aus“, bemerkte Josephine nach einem Seitenblick.

„Ich nehme den Blonden“, sagte Pumuckl.

Ein Christkind zu viel

Wenn man es genau betrachtet, gehört Franken nicht zu Bayern. Franken gehört vielmehr sich selbst, lediglich politisch zählt es zum Freistaat. Pech für Bayern, denn alles, was im Freistaat rockt, kommt aus Franken. Sagen die Franken, und die müssen es ja wissen. Das Bobby-Car, die Meistersinger von Nürnberg, Lebkuchen und Bratwurst-Schnecke, Albrecht Dürer, Thomas Gottschalk, die Playmobil-Männchen, Götz von Berlichingen und Markus Söder. Sogar der legendäre US-Außenminister Henry Kissinger war ein Franke gewesen. Aus Fürth. Diese Stadt ist die kleine Schwester von Nürnberg.

Die beiden Kommunen pflegen eine tief empfundene Rivalität wie Düsseldorf und Köln. Die Bürger bezeichnen sich gegenseitig als „aufgschdellden Mausdregg", was auch ohne Übersetzungshilfe als Ausdruck herzlichster Missachtung deutlich wird.

Jetzt aber, zur Weihnachtszeit, wollen wir das außen vor lassen. Wir grüßen freundlichst nach Fürth und widmen uns einer Geschichte, die sich auf dem Nürnberger Christkindlesmarkt ereignet hat. Für anständige Bayern respektive anständige Franken gibt es nämlich keine Weihnachtsmärkte, sondern ausschließlich Christkindlesmärkte.

In Nürnberg erst recht, weil hier das Christkind seinen deutschen Wohnsitz hat. Nicht in Amberg, nicht in Bamberg, nein, in Nürnberg. Darum kennt es sich hier auch prima aus und findet problemlos auf die Galerie der Frauenkirche. Dort, hoch über dem Hauptmarkt, eröffnet es alljährlich mit dem *Prolog* die Weihnachtszeit. Es trägt dabei ein weißes Kleid, einen goldenen Umhang und unter der ebenso goldenen Krone eine perfekte blonde Lockenperücke wie mit Pantene Pro-V gespült.

Dermaßen ausstaffiert beginnt das Christkind seine Rede.

„Ihr Herrn und Frau'n, die Ihr einst Kinder wart,
Ihr Kleinen, am Beginn der Lebensfahrt,
ein jeder, der sich heute freut und morgen wieder plagt:
Hört alle zu, was Euch das Christkind sagt!"

Also waren alle mucksmäuschenstill und hörten zu.

„Neiiin!"

Der Schrei fuhr wie ein Schwert in die ehrfurchtsvolle Stille. Das Christkind verstummte. Der Schrei kam aus der Richtung des Schönen Brunnens direkt über den Marktplatz geflogen.

Dieser Brunnen ist gestaltet wie eine Kirchturmspitze, ragt 19 Meter hoch in den fränkischen Himmel und spendet Wasser seit über 600 Jahren. Er ist ein Wahrzeichen, an dem man bei keiner Fremdenführung vorbeikommt, und das zu Recht. Das Ding ist echt prächtig.

Ganz in der Nähe eine ebenso prächtige Verkaufsbude, geschmückt mit blinkenden Girlanden. Vollgestellt und vollgehängt mit Christbaumschmuck, der traditionell handwerklich in einer fränkischen Glashütte hergestellt wird.

Der Stand gehörte einer Christkindl-blonden Mittvierzigerin, die soeben hatte mitansehen müssen, wie ihre Mitarbeiterin sich an den Hals gegriffen und das Gleichgewicht verloren hatte. Dann war sie mit dem Kopf auf die scharfe Kante der historischen Registrierkasse geknallt und lag nun auf dem Boden. In einem Scherbenhaufen aus gläsernen Baumkugeln. Blut sickerte aus der Wunde.

Das „Neiiin!" nahm kein Ende, denn die Mitarbeiterin war ihre Schwester.

„Allmächd!", stöhnte Kommissar Joe Bischofsberger, der gerade die rätselhaften Ereignisse bei der Live-Übertragung des Bayerischen Fernsehens verfolgte. Kurz darauf klingelte auch schon sein Handy. Es war die Zentrale, wer sonst.

Erklärung für alle Ahnungslosen: Allmächd, also Allmächtiger, ist der gängige Ausruf im Frankenland, wenn Dinge passieren, die unerklärlich, unausstehlich oder unerwünscht sind. Wie eine Ermittlung zur Abendzeit, wenn man schon die kuschelige Loungewear anhat und mit Ehefrau Dorrit ganz entspannt auf der Couch abchillt.

Also raus aus den Filzpuschen, rein in die Polizeiarbeit. Gerade kam auch schon ein Streifenwagen um die Ecke, der den Kommissar abholte.

„Und denk daran", mahnte Dorrit, „keinen Zuckerkram, wie gut es auch riecht auf dem Markt. Deine Diät geht vor!"

Bischofsberger, der schon mit einer kleinen süßen Belohnung wegen des abendlichen Einsatzes geliebäugelt hatte, versprach es. Seine Liebste hatte ja recht. Er würde es seinen Pfunden zeigen, da konnte der Blutzuckerspiegel meckern, wie er wollte.

Natürlich fiel ihm Wirtz in den Rücken. Wirtz, frisch gebackener Kriminalassistent, hatte ein Faible für alles Schokoladige und war trotzdem beneidenswert schlank. Als Erstmaßnahme bei den Ermittlungen hatte er an der Nachbarbude einen Spieß Schokofrüchte erstanden, knabberte genüsslich daran und erläuterte gleichzeitig den Erkenntnisstand. Der war dürftig und ließ sich so zusammenfassen: „Nichts Genaues weiß man nicht. Nur dass eine Frau tot ist. Ihrer Schwester gehört diese bunte Bude hier, sie hat alles mitangesehen. Heißt Cora Rosenbauer und steht unter Schock."

Die Eröffnung des Marktes hatte nach Minuten der Verwirrung noch einmal von vorne angefangen. Die Leiterin des Kinderchores war mit ihren Kiddies gedankenschnell in die Bresche gesprungen. Der Nachwuchs, ausgestattet mit roten Nasen, bunten Bommelmützen und Zahnlücken, wiederholte hingebungsvoll den Choral „O Heiland, reiß die Himmel auf". Das Christkind hatte sich ebenfalls gefangen und wandte sich ein weiteres Mal an die *Herrn und Frau'n, die Ihr einst Kinder wart.*

The Show must go on, im Namen des Herrn erst recht.

Im Namen der Gerechtigkeit lief im Christbaumschmuck-Büdchen die übliche Routine ab. Eine Stunde später war der Leichnam auf dem Weg zur Gerichtsmedizin, die geschockte Schwester in Obhut einer Psychologin, die Kriminaltechnik packte ihre Erkenntnisse zusammen. Wirtz hatte seine Schokofrüchte zu Ende geknabbert, Joe Bischofsberger hatte allen Versuchungen widerstanden, und eine erste Spur hatte sich in der Befragung von Passanten aufgetan. Ein rätselhaftes zweites Christkind war im Umfeld der Stände gesichtet worden, ein Christkind zu viel.

Auch dieses zweite Christkind hatte ausgesehen wie ein Rauschgoldengel. Weil es in Nürnberg so aussehen muss. Wegen der Tradition und wegen des Puppenmachers Balthasar Hauser. Der hatte vor mehr als 400 Jahren gelebt und sein einziges Kind, ein kleines Mädchen, an eine bösartige Krankheit verloren. Ohnehin schon Witwer, irrte er nun Tag für Tag durch das leere Haus, saß am leeren kalten Bett seines toten Kindes und gab sich nur noch der Trauer hin. Er ging nicht mehr in die Werkstatt, entließ sogar seinen Gehilfen. Wozu noch arbeiten und für wen?

Eines Nachts, als er nach vielen Tränen endlich in den Schlaf gefunden hatte, ging plötzlich die Türe auf. Balthasar sah eine Gestalt ins Zimmer treten, in ein goldenes Gewand gehüllt, von einem hellen Schimmer umgeben. Ein Engel!

Er sah noch einmal hin. Es war ein ganz besonderer Engel, es war sein verstorbenes kleines Mädchen! Sie bat ihn lächelnd, nie mehr ihretwegen zu weinen. Es gehe ihr gut, Mama habe schon auf sie gewartet, und jetzt seien sie wieder zusammen. Irgendwann werden sie alle zu dritt vereint sein, und die Zeit bis dahin solle er nicht mit Trübsal vergeuden. Dann huschte die kindliche Erscheinung wieder zur Türe hinaus und hinterließ in der Dunkelheit neuen Mut zum Leben.

Als der nächste Morgen die ersten Sonnenstrahlen schickte, ging Balthasar in seine Werkstatt und nahm ein Klötzchen Lindenholz. Er wollte versuchen, das Gesicht seines verstorbenen Kindes aus dem Holz zu schneiden. Er wollte es so schnitzen, wie er es in der Nacht gesehen hatte. Je deutlicher ihn aus dem Klötzchen das Gesicht seiner Tochter ansah, desto glücklicher wurde er. Schließlich schuf er noch den Körper, bekleidete ihn mit einem plissierten Umhang aus Messingblech und gab ihm Flügel aus hauchdünn gehämmertem Rauschgold. Das so heißt, weil es bei jeder Berührung geheimnisvoll raschelt.

„Eisenhut“, sagte der Gerichtsmediziner.

„Aconitum“, konterte Bischofsberger, bevor er in ein Stück Kohlrabi biss. Der Leichenaufschneider sollte bloß nicht denken, er hätte vergiftungstechnisch einen Laien vor sich.

„Respekt“, grinste der Pathologe, „wollen Sie die Wirkungsweise beschreiben oder soll doch besser ich?“

Der Kommissar hatte den Mund voller Diät, somit fuhr der Weißkittel fort.

„Eisenhut, auch Wolfswurz oder Würgling, ist eine meist blau blühende Pflanze, sehr schick, um nicht zu sagen todschick. Gehört zu den giftigsten Gewächsen auf dem Erdball. Alles daran kann tödlich sein, von der obersten Blüte bis zur Wurzelspitze. Schon die Berührung kann Taubheitsgefühle hervorrufen, der Verzehr von wenigen Gramm verursacht Atemstillstand und Herzversagen. Exitus. Insbesondere im antiken Griechenland war Eisenhut sehr beliebt bei Giftmischern, und die angeblichen Hexen des Mittelalters mischten ihn in ihre Salben und verursachten damit Halluzinationen und Rauschzustände. Zauberkraft aus der Natur, so einfach ist das.“

Bischofsberger hatte seine Kohlrabi-Sticks aufgefuttert und knurrte: „Danke für die Vorlesung. Aber jetzt bitte zu unserem Fall."

Das Handy fuhr dazwischen, Wirtz war dran.

„Einige Standbetreiber haben ausgesagt, das mysteriöse zweite Christkind hätte Lebkuchen an die Händler verschenkt. Angeblich im Namen der Stadt. Als ob das Nürnberger Marktamt jemals etwas verschenken würde. Gebühren kassieren ja, aber milde Gaben verteilen, so ein Gschmarri! Die meisten haben die Lebkuchen bereits gegessen, sie leben aber alle noch."

„Ein zweites Christkind, das Lebkuchen verteilt, eigenartig. Sie haben sich ein Fleißkärtchen verdient!"

„Ein Fleiß-Schokolädchen wäre mir lieber", gab der Assistent aufmüpfig zurück und legte auf.

„Habe ich da Lebkuchen gehört?", fragte der Weißkittel. „Ich habe nämlich im Mageninhalt Reste von Lebkuchen gefunden." Er reckte sich stolz. „Und die waren heimtückisch verfeinert mit Samenkörnern vom Eisenhut, was unter all den Nüssen und Mandeln gar nicht auffällt. Gehen Sie also von Mord aus."

Die Lichter in den Budenstraßen waren längst erloschen, die Weihnachtslieder verstummt, lautlos und schwerelos tanzten Schneeflocken über dem verlassenen Hauptmarkt.

Cora Rosenbauer war von der Psychologin mit einer Packung pflanzlicher Beruhigungsmittel nach Hause entlassen worden, hatte Felix angerufen und lag jetzt in seinen Armen. Noch einmal redete sie sich alles von der Seele. Die Erstbetreuung hatte ihr geholfen, aber ein geliebter Mensch half einfach doppelt so gut. Gerne hätte sie ihn schon jetzt ganz und gar in ihrem Leben gehabt, aber er musste erst noch seine Ehe zu Ende bringen.

Cora dachte laut nach.

„Warum bin ich bloß vom Stand weggegangen? Nur um zum x-ten Mal das Christkind zu sehen. Ein Christkind, wie ich schon viele gesehen habe, die immer gleich aussehen und den immer gleichen Prolog aufsagen."

Sie wischte sich die Augen: „Aber es berührt mich halt jedes Jahr von Neuem."

Felix schwieg, als Cora ihre Gedanken ordnete: „Plötzlich hatte ich ein ungutes Gefühl, als wäre etwas nicht in Ordnung. Also bin ich zurück und habe all das Schlimme gesehen, ohne Saskia noch helfen zu können. Wie es dazu gekommen ist, weiß ich nicht. Niemand weiß es wohl."

„Die Händler in der Nachbarschaft, haben die etwas gesehen?"

„Die wissen auch nichts, die haben auf ihren Handys die Fernsehübertragung geguckt."

„Ist heute irgendwann etwas Seltsames vorgefallen?", Coras Geliebter ließ nicht locker.

„Nicht dass ich wüsste."

Sie korrigierte sich.

„Doch, da war ein Christkindl, das ging von Stand zu Stand und verteilte Lebkuchen an die Marktleute. Das hatte es vorher noch nie gegeben. Aber wie sollten Lebkuchen uns weiterhelfen?"

Cora drehte sich zur Seite und wickelte sich fest in ihre Decke, als würde sie darin Schutz und Erleichterung finden.

„Tut mir leid, Schatz, ich kann nicht mehr denken, ich bin müde von diesem schrecklichen Tag. Bleib bitte bei mir, bis ich eingeschlafen bin, und dann geh nach Hause. Ich liebe dich."

Sie schloss ihre Augen.

Der Zeuge war ein Typ zum Davonlaufen, aber er war ein Zeuge. Außerdem verrenteter Finanzprüfer, also jahrelang geeicht auf totale Genauigkeit und Präzision. Er hatte die Zeitung gelesen und die ermordete Frau vom Weihnachtsmarkt als seine Nachbarin erkannt.

„Sie haben lautstark gestritten, haben sich angeschrien, die ganze Woche schon, das letzte Mal am Tag der Markteröffnung. Morgens um acht Uhr dreiundzwanzig. Ich führe Protokoll, denn es ist eine Lärmbelästigung. Besser gesagt, es war eine. Denn jetzt ist die eine ja tot, die eine Lesbe."

Er war vor Entrüstung außer sich. Diese Entrüstung barg auch die Lösung: „Es kann nur die andere Lesbe gewesen sein."

Bischofsberger hatte Mühe, den vertrockneten Senior mit den geschlechtsspezifischen Meinungen loszuwerden, und tröstete sich erst einmal mit einem Snack. Heute Möhren-Sticks. Tröstlich bunt, gelb und rot gemischt. Schwacher Trost, der Geschmack war der gleiche, egal welche Farbe, Möhre eben.

„Wirtz, prüfen Sie das mit der Beziehung nach!", bellte er durch das Büro, als wäre sein Kriminalassistent am anderen Ende der Welt. „Ich rede noch einmal mit der Schwester."

Das zweite Christkind haderte mit dem Schicksal. Der ganze schöne Plan, ein kompletter Reinfall. Jetzt wenigstens keine verräterischen Spuren hinterlassen! Das Christkindl-Kostüm aus dem Internet-Shop war schon zerschnitten im Altkleider-Container gelandet, die blonde Perücke im Restmüll, der gerade abgeholt wurde, die restlichen Eisenhut-Samen auf dem Balkon verbrannt.

Vielleicht wäre es besser gewesen, vor der ganzen Aktion an Murphys Gesetze zu denken, die da unter anderem lauten: „Alles, was schiefgehen kann, wird auch schiefgehen". Und: „Wenn nichts schiefgehen kann, wird es trotzdem schiefgehen."

Dieser Edward Aloysius Murphy Jr. schien leider recht zu behalten, sogar bei Mordversuchen.

Beim Kaschperla rieselte leise der Schnee, ansonsten war es noch ruhig. Erst in einer Stunde würde das Marktgetümmel losgehen. Alle Budengassen auf dem Markt haben Namen, und Cora Rosenbauers Stand war eben beim Hanswurst, also *beim Kaschperla* angesiedelt.

Sie war schweren Herzens damit beschäftigt, die Spuren des grauenhaften Geschehens zu beseitigen. Zuallererst hatte sie das Blut ihrer Schwester an der Registrierkasse weggewischt, das war das Schlimmste gewesen. Die Scherben aus Baumschmuck hatte sie zu einem Haufen zusammengekehrt, als der Kommissar auftauchte.

Bischofsberger begann mit einem verhaltenen „Grüß Gott!" und suchte dann nach einem behutsamen Anfang für eine Konversation. Da entdeckte er unter den Tausenden Kugeln und Christbaumspitzen etwas Seltsames, nämlich kleine gläserne Gurken. „Gurken als Christbaumschmuck?", wunderte er sich, „so etwas ist mir neu."

Caro war erleichtert. Sie konnte ihr Fachwissen ausspielen und alles Schreckliche kurz vergessen.

„Die Gurken sind kein verrückter Gag, sondern aus einer Tradition entstanden. Anfang des letzten Jahrhunderts konnten sich viele kinderreiche Familien in Franken nur ein einziges Weihnachtsgeschenk für die Kinder leisten. Deshalb haben die Eltern eine Gurke in den Tannenzweigen versteckt. Wer von den Kindern sie zuerst entdeckte, bekam das einzige Geschenk des Festes. Die kleinen Glasgürkchen erinnern an diese Zeit, in der es nichts genützt hat, Ansprüche zu stellen."

Widerwillig kehrte Cora zurück in die Aktualität. Aber sie konnte kaum Hinweise liefern. Sie bestätigte, dass ihre Schwester mit einer Frau zusammengelebt hatte. Es sei pure Harmonie gewesen. Niemand habe einen Grund gehabt, der Schwester etwas anzutun. Sie hatte als kleine Schauspielerin ihren Lebensunterhalt verdient, zu unbedeutend, um von einer karrieresüchtigen Konkurrentin ausgeschaltet zu werden.

„Sonst fällt mir nichts ein, tut mir leid."

Felix versuchte, seinen Traum zu deuten, aus dem er mitten in der Nacht schweißgebadet aufgewacht war. In diesem Traum war er in einer Bar gewesen. Eine unfassbar erotische Frau mit Engelsflügeln hatte sich auf seinen Schoß gesetzt und versucht, ihn mit Petits Fours zu verführen. Felix hatte unerklärliche Angst verspürt, sogar Todesangst, und seinen Mund fest verschlossen. Da war die Frau aufgestanden und hatte anderen Männern das Konfekt zwischen die Lippen gesteckt. Die Kerle hatten zugebissen wie Adam bei Evas Apfel. Dann war die Frau zurückgekommen auf seinen Schoß und hatte gesagt: „Siehst Du, es ist alles gut." Also hatte er ein süßes Stückchen genommen. Nach dem ersten Biss fuhr es wie ein glühender Dolch durch seinen Körper, die Frau stieß ein böses Gelächter aus, ihre Engelsflügel fingen Feuer, und sie flog mit brennenden Schwingen davon.

Was wollte dieser Traum ihm sagen?

Dann fiel ihm noch etwas ein, was Rosa gesagt hatte: „Wie sollten Lebkuchen uns weiterhelfen?"

In Felix keimte ein böser Verdacht. Als er auch noch an den Küchenschrank denken musste, wurde der Verdacht zur Gewissheit.

Felix griff zum Telefon.

Wirtz drückte den Klingelknopf der Doppelhaushälfte und sah aus dem Augenwinkel den verdorrten Finanzprüfer hinter einem Fenster der anderen Haushälfte neugierig herauslugen.

„Wer ist da?", die Frauenstimme klang kraftlos.

„Polizei."

Der Türöffner des Gartentores summte.

Was Wirtz dann erfuhr, war so einfach wie einleuchtend.

Die Lebensgefährtin der Toten war ein zierliches Wesen mit brünettem Pony und tiefblauen Augen, niemand würde ihr beim ersten Hinsehen einen Mord zutrauen. Nicht einmal ein frisch gebackener Kriminalassistent. Dann aber stellte er sich vor, sie würde eine blonde Lockenperücke tragen, und schon würde es hinkommen. Den Tee lehnte er dankend ab, die junge Frau dagegen hielt ihre Tasse umklammert, als wünschte sie, die Wärme könnte so von den Händen bis in ihr Herz fließen. Wirtz kam wieder ab von seinem Verdacht.

„Saskia und ich, wir haben uns geliebt, wir wollten heiraten, und wir haben nicht gestritten. Saskia ist, nein, sie war Schauspielerin, wie Sie bestimmt schon wissen, und ich habe sie jeden Morgen abgehört. Ihr neues Stück war ziemlich experimentell, ein Dialog, der von einer Beziehungskrise bei einem lesbischen Paar erzählt. Oft mussten wir sogar aufpassen, um nicht zu lachen, wenn wir uns lautstark angefetzt haben."

Ihre tränenfeuchten Augen blitzten, das zarte Wesen konnte auch anders.

„Dieser verstockte Korinthenkacker nebenan wird uns niemals auseinanderbringen. Jetzt wo Saskia tot ist, erst recht nicht."

Was für eine Wendung!

Wirtz langte nach den abgegriffenen Textbüchern des Stücks, die auf dem Couchtisch lagen. Er blätterte, sah Anmerkungen und Markierungen mit Leuchtstift. Das war alles unzweifelhaft authentisch, und der nachbarliche Verdacht nichts als eine miserabel falsche Fährte.

Okay, der Finanzprüfer konnte nicht wissen, dass die Streitereien experimentelle Kunst waren, trotzdem gönnte Wirtz ihm die Pleite. Vorurteile sind wie Glatteis, da kann man ganz schön ausrutschen. Genüsslich drehte er dem verknöcherten Zausel beim Weggehen eine lange Nase. Der Spionage-Vorhang ging augenblicklich zu.

Als der Kommissar vom Christkindlesmarkt zurückkam, wartete eine Besucherin im Gang vor seinem Büro. Kaum hatte er ihr einen Stuhl vor seinem Schreibtisch angeboten, schoss es aus ihr heraus: „Ich habe sie umgebracht!"

Bischofsberger vergaß vor Verblüffung sein zweites Frühstück. Es hätte Sticks vom Staudensellerie gegeben, also kein großer Schaden.

Die Täterin wollte offensichtlich ihr Geständnis ganz schnell loswerden und fuhr hastig fort. „Es war alles ganz einfach. Die Eisenhutsamen habe ich im Gartencenter besorgt und vorsichtig im Lebkuchen versteckt. Natürlich nur in einem, alle anderen waren harmlos. Die habe ich bloß zur Tarnung verteilt. Als ich wegging, hab ich gesehen, dass eine zweite Frau auf den Stand zuging und darin verschwand. Damit hatte ich nicht gerechnet. Prompt ist es schiefgegangen, ich hatte die Falsche erwischt."

Wirtz kam zurück und gleichzeitig klingelte das Telefon des Kommissars. Der hob ab, hörte eine Zeit lang schweigend zu und sagte dann nur: „Danke, sie ist schon da."

„Mein Mann, stimmt's?", fragte die Frau und Bischofsberger nickte.

„Ich weiß, dass er mir auf der Spur war. Gerade vorhin hat er mich angerufen und gefragt, wo die Lebkuchen alle hingekommen sind, die im Küchenschrank waren. Dabei ist ja *er* an allem schuld. Er hat mich mit diesem blonden üppigen Weibsstück betrogen und gedacht, ich komme nicht dahinter. Bin ich aber! Und ich wollte es ihm heimzahlen, wollte ihm sein Lieblingsspielzeug wegnehmen. Das Christkind bringt dem bösen Jungen nichts, es klaut ihm alles, woran sein Herz hängt! In den letzten Tagen stand ich oft vor dem Spiegel, in vollem Ornat, mit Umhang und Perücke, und habe mich in meine Rolle hineingedacht. Ich habe alles schon vorab genossen und es letztendlich doch noch verpatzt. Ich tauge wohl nicht zum Christkind. Sonst könnte ich jetzt ganz einfach zum Fenster hinausfliegen."

Die Frau lächelte traurig.

„Aber keine Sorge, ich bleibe. Meine Flügel sind mir längst zu schwer."

Bischofsberger rief seine Frau an. „Dorrit, das Rätsel ist gelöst. Sei froh, dass ich dir treu bin, sonst wärst du jetzt eine Mörderin!"

Es war Zeit für das Ritual. Das bestand darin, jeden abgeschlossenen Fall mit einem Siegesmahl zu beenden, was die einzige zulässige Ausnahme vom Diätzwang darstellte. Dieses Mal fand der Schmaus aus nahe liegenden Gründen auf dem Christkindlesmarkt statt. Dorrit versprach dazuzukommen.

Sie war schon da, als der Kommissar und sein Assistent auftauchten. Bischofsberger übernahm die Bestellung. Wer zahlt, schafft an!

„Drei Dessla Gliehwain und drei moi Drei im Weggla."

Also: „Drei Tassen Glühwein und drei mal drei Bratwürste im Weizenbrötchen."

Fränkisches Fast Food, das älter und traditioneller ist als jeder Burger. Sie genossen den Geschmack der Heimat, und dabei wurden nicht nur die Würste durchgekaut, sondern auch noch einmal den außergewöhnlichen Fall. Fazit auf Fränkisch: „A so a Gwerch!"

Was für ein Durcheinander!

Nachtrag: Bischofsberger hatte an Heiligabend zehn Kilo runter, und zur Erinnerung hingen am Christbaum viele kleine grüne Glasgurken.

Sellerie-Sticks und Kohlrabi hatte er nicht bekommen.

Rosenheim-Cops in Flammen

Es tut mir leid, dass diese Geschichte recht unweihnachtlich anfängt. Aber wenn man in Wikipedia über Rosenheim nachliest, sticht nun mal die Information ins Auge, dass es dort zweiundzwanzig Bordelle gibt. Nicht weil die Stadt so wahnsinnig sexy daherkommt, sondern weil sie im weiten Umkreis die einzige Ansiedlung ist, die mehr als 30.000 Einwohner zählt. Alle Gemeinden, die darunter liegen, dürfen keine Freudenhäuser genehmigen. Also müssen die Freier nach Rosenheim reisen, was dem Begriff Fernverkehr eine völlig neue Bedeutung verleiht. Mit dieser Sachlage mag sogar der Stadtname zusammenhängen. In alten Zeiten wurde nämlich ein hübsches Mädchen auch als Rose bezeichnet. Bei den Schiffern auf dem Inn ging die Mär um, in der Stadt Rosenheim gebe es besonders viele Schönheiten zu bewundern. So sei die Bezeichnung Heimat der Rosen, also Rosenheim, entstanden.

Außerdem kann sich die Stadt mit dem Namen Bastian Schweinsteiger schmücken. Der ist allerdings keine Rose, sondern ein fußballerisches Gewächs, gleich um die Ecke in Kolbermoor zur Welt gekommen. Seine ersten Dribbelschritte tat er beim TSV 1860 Rosenheim. Von dort wechselte er zu den Bayern und wurde zum Superstar, später sogar zum Weltmeister. Out of Rosenheim, leider.

Der Kultfilm *Out of Rosenheim* spielt ebenfalls woanders, nämlich in einem kalifornischen Kaff namens Bagdad. Wirklich in Rosenheim spielt die Krimiserie *Rosenheim-Cops*, allerdings auch nur, was gewisse Außenaufnahmen angeht. Deshalb gehört Rosenheim, wenigstens fiktiv, zu den deutschen Städten mit der höchsten Mordrate. Kürzlich wurde die 555. Folge gefeiert, also kann man sich ausrechnen, was da an Todesfällen zusammenkommt.

Im wahren Leben ist hier nur mäßig was los, aber jetzt hat es im Rathaus gebrannt. Für Rosenheim ein Riesen-Event. Draußen hat's geschneit, drinnen hat's gefackelt. Der Christbaum am Empfang war lichterloh in Flammen gestanden, die Rauchmelder hatten angeschlagen. Oder mit den Worten von Miriam Stockl aus der Fernsehserie: „Es gabat an Brand."

Zum Glück lag die Feuerwache praktisch um die Ecke.

Das flammende Mini-Inferno hatte in der vergangenen Nacht stattgefunden, zurzeit roch es brutal angekokelt und darüber hinaus nach Benzin, mit dem der Baum präpariert worden war. Das Feuer war also gelegt worden.

Doch wer jetzt denkt, die Fernsehcops Anton Stadler und Sven Hansen wären angerückt, herbeigerufen vom Streifenhörnchen Polizeihauptmeister Michi Mohr, der irrt. Die Serie hatte gerade Drehpause, wie immer im Winter.

Dafür erschien Kugelblitz Faltermeier ohne jeglichen Kollegen an der Seite. Er füllte allein schon alle Räume ausreichend, was sein Spitzname deutlich zum Ausdruck brachte. Das war ihm aber egal, er stand zu seinem Umfang nach dem Motto: Sei du selbst, alle anderen sind bereits vergeben. Dazu kam ja noch der Blitz, weil er trotz Leibesfülle ein flinkes Kerlchen war und schon manchen Fall im Rekordtempo gelöst hatte.

Die Vorgehensweise des Täters oder der Täterin lag auf der Hand. Fenster eingeschlagen, eingestiegen, Weihnachtsbaum mit Benzin übergossen und dann flambiert. Der Kanister lag noch da, Fingerabdrücke Fehlanzeige, andere Spuren für die Katz. In einem Rathaus laufen dermaßen viele Leute rum, da kann jeder irgendetwas Verdächtiges hinterlassen.

Kugelblitz begehrte den Oberbürgermeister zu sprechen. Der war, wie es sich gehört, Mitglied der CSU, trug bayerisch-treu eine Trachtenstrickjacke und hatte Brauwesen studiert. All diesen Tatsachen zum Trotz war er jung, dynamisch und positiv drauf. Ja, glaubst es?

Die Kerzen auf dem kleinen Adventskranz, der seinen Schreibtisch zierte, waren übrigens nicht angezündet. Gebrannter Bürgermeister scheut das Feuer.

Selbstverständlich gebe es viele Leute, sogar in Rosenheim, die der Verwaltung eins auswischen wollten, erklärte er.

„Ein abgelehnter Bauantrag, ein zu schmaler Radweg, ein Böllerverbot an Silvester, das alles kann ein Aufreger sein, und jeder Bürger reagiert halt anders."

Der Bürgermeister hatte einen Einfall: „Moment, da war doch die Sache mit dem Lokschuppen, Sie erinnern sich?"

Kugelblitz erinnerte, fragte sich aber, ob Bürger aus Unzufriedenheit Christbäume in Rathäusern anzünden.

„Falls Ihnen noch etwas einfällt, Herr Bürgermeister, bitte anrufen. Ich bin für jeden Verdacht zu haben."

Ende Interview, Abgang Kommissar.

Bayerische Dackel heißen grundsätzlich Wasti, eine Verniedlichung von Sebastian. Warum das so ist, weiß kein Mensch. Eine Ausnahme bildete der Hund des legendären Münchener „Tatort"-Ermittlers Veigl, der Oswald gerufen wurde. Der Hund, nicht der Veigl.

Dackel, die nicht Wasti oder Oswald heißen, hören auf den Namen Sepperl. So auch des Kommissars treuer Freund, der unter dem Schreibtisch ausharrte, bis sein kugeliges Herrchen zurückkam. Ein freundlicher Luftzug hatte ihm ein hochinteressantes Schriftstück vor die Nase geweht, das er mit geduldiger Hingabe so lang zerkaute, bis nur noch tausend kleine Fetzchen übrig waren. Der Staatsanwalt würde einen neuen Durchsuchungsbeschluss ausstellen müssen. Betraf aber einen anderen Fall.

Kugelblitz wuchtete seine Kilos in den stöhnenden Chefsessel und kramte in seinem Gehirn nach den Ereignissen rund um den Lokschuppen. Dieser Schuppen ist ein halbrunder denkmalgeschützter Bau, in dem ehemals Dampflokomotiven gewartet und repariert wurden. Nach der Stilllegung machte die Stadt daraus ein Ausstellungszentrum. Alle möglichen Themen wurden schon behandelt: afrikanische Kunst, Salvador Dalí, Mumien, Dinosaurier, Gewürze und Indianer. Das war 2011 gewesen, da durfte man das I-Wort noch verwenden und sogar auf Ausstellungsplakate drucken. Howgh!

In diesem Jahr wollte auch Nele Rösinger mitmischen, emsige Betreiberin des lokalen Erotikshops, die ein Spektakel vorschlug mit dem Titel „Sexy Christmas". Gegenstand sollten sogenannte Real Dolls sein, also Liebespuppen, aber nicht die preisgünstigen zum Aufblasen, sondern die „ultra-realistischen", von „begabten Künstlern gestaltet" und schon mal einen Tausender teuer. Natürlich beiderlei Geschlechts, Gleichberechtigung für den Mann muss sein. Die Figuren sollten weihnachtliche Outfits tragen, zum Beispiel nichts als ein keckes rotes Mützchen mit weißem Fellbesatz. Eine geschmackvolle Idee war auch der geklonte Ken mit einem Weihnachtsmannbart anstelle des Feigenblattes.

Nele Rösinger wusste natürlich, dass man der Sache einen kulturellen Anstrich geben musste, damit der ganze Schwachsinn als „Denkanstoß" durchging, als „politische Provokation". Also fabulierte sie einen Untertitel dazu. „Sexy Christmas, eine Auseinandersetzung zwischen Trieb und Tradition". Womit sie leider ziemlich danebenlag, denn das rot-weiße Weihnachtsklischee ist mitnichten Tradition, es ist im Auftrag der Coca-Cola-Company entstanden. Ein Cartoon-Zeichner hat 1931 dem amerikanischen Santa Claus Klamotten in den Unternehmensfarben Rot und Weiß angezogen und ihm den Zottelbart verpasst. Fertig war die Werbefigur, und weil sie nicht gestorben ist, drum gibt es sie noch heute.

Die Idee zur Ausstellung scheiterte krachend im Gemeinderat, weil die Rosenheimer nicht blöd sind. Sie durchschauten das kulturelle Geschwurbel und argwöhnten zu Recht, hinter der Sache verberge sich letztendlich eine clevere Werbestrategie.

Haken bei der Sache: Zündet man deswegen aus Wut oder Rache einen Weihnachtsbaum im Rathaus an? Kugelblitz musste wieder verneinen.

„Netter Tipp vom Bürgermeister, gell Sepperl, aber leider ein Rohrkrepierer!"

Der Dackel reagierte mit gähnender Zustimmung.

Auf dem Rückweg vom Rathaus war der Kommissar kurz zum Christkindlmarkt abgebogen und hatte eine Großpackung Zimtsterne erstanden, das Gehirn braucht bekanntlich Zucker. Ob das bei Hunden auch so ist, wusste er nicht, aber Sepperl bekam natürlich etwas ab. Als der Kriminaler genussvoll in einen Stern biss, fiel ihm etwas ein.

„Wie wäre es mit den Rosenheim-Cops, vielleicht findet sich ja bei denen ein Motiv? Was meinst du, Sepperl?"

Sepperl meinte nichts, er kaute noch.

Die Idee war nicht schlecht, schließlich diente das rötliche Rathaus in der Serie als Kommissariat. Wenigstens von außen. Innen wäre unmöglich. Sonst würde irgendwann der Requisiteur im Vorzimmer des Bürgermeisters auftauchen, die Sekretärin anlächeln und die Kaffeemaschine mitnehmen: „Unsrige ist leider grad verreckt, und der Michi Mohr braucht laut Drehbuch jetzt a Tass Espresso. I bring's bald wieder, die Maschin."

Konkurrierende Tourismusverbände hatten schon die Umbenennung der Krimiserie gefordert, weil darin vieles nicht echt sei. Die Drehorte über halb Bayern verstreut, Rosenheim fungiere nur als Mäntelchen. Der Bauernhof der Stadträtin Marie Hofer war in Wirklichkeit ein denkmalgeschütztes Ensemble im benachbarten Weyarn, man kennt den Ort von der gleichnamigen Autobahnausfahrt. Das Times Square von Gastronom Jo, wo sich die Kommissare abends herumtreiben, steht als Kulisse auf dem Münchener Filmgelände Geiselgasteig. Als Chiemsee wird auch mal der Starnberger See bemüht, aber so ist das eben, es zählt die Illusion, und dagegen ist nichts zu sagen. Die Karl-May-Filme mit Pierre Brice und Lex Barker wurden ja auch auf dem Balkan gedreht, also im ruppigen Osten, nicht im Wilden Westen.

Polizeihauptmeisterin Raffaela Riedlinger war das Streifenhörnchen im wirklichen Leben, also die real existierende Ausgabe des Michi Mohr. Aufgeregt erschien sie im Kommissariat, fiel fast über Sepperl, der sich mitten im Büro breitgemacht hatte, und sprudelte heraus: „Es gabat a Leich und an zweiten Brand!"

Kugelblitz Faltermeier lebte auf. Hoffentlich hing das mit dem Rathaus zusammen! Dann könnte aus dem Feuerchen endlich ein Großbrand werden, ein richtiger Fall.

„Sepperl, auf geht's!"

Diesmal würde er sein Zamperl mitnehmen, vielleicht konnte er doch noch einen Spürhund aus ihm machen.

Sepperl kannte sich aus mit Streifenwagen. Die Polizisten kamen nach vorne, der furchterregende Diensthund auf die Rückbank. Gefährlich knurrend rollte er sich auf dem Kunstleder zusammen und harrte der neuen Abenteuer.

„Gemma's an, Raffaela!"

Im Radio des Streifenwagens sang Taylor Swift. Polizeiautos haben tatsächlich Radios, damit kann man beispielsweise den Sender *Galaxy Rosenheim* hören, wo die Country-Ikone gerade „Christmas Tree Farm" von sich gab. Der Kommissar wusste Bescheid. Frau Swift war in der Tat auf einer Weihnachtsbaumfarm in Pennsylvania aufgewachsen. Er erzählte das aber nicht, denn Raffaela suchte gerade nach einer Parklücke, und Sepperl war musikalisch nicht interessiert.

Einen Parkplatz gab es nicht, also stellte Raffaela den Wagen in zweiter Reihe ab. Ein Polizist sicherte die Eingangstür und wies ihnen den Weg.

„Geradeaus in den Hof, da liegt er."

Er lag im Schneematsch. Der aktuelle Stadtschreiber von Rosenheim, wie Raffaela ausführte. Der Rechtsmediziner war noch bei der Untersuchung, aber eines war schon klar: „Kam per Direttissima direkt aus der dritten Etage geflogen." Freiwillig oder auch nicht. Das schräge Dach über den Mülltonnen hat etwas gebremst, aber der Schwung hat gereicht. Falls er nicht vorher schon hinüber war. Todeszeitpunkt gegen Mitternacht."

In der dritten Etage hatte sich auch der Brand ereignet. Kugelblitz, das Schwergewicht, bevorzugte Tatorte im Erdgeschoss, doch man kann nicht alles haben. Die alte Holztreppe knarzte, das gesamte Treppenhaus roch von unten bis oben nach Qualm und Benzin. Ebenso die Stadtschreiberwohnung, trotz des offenen Wohnzimmerfensters. Der Brand war eindeutig von einem Adventskranz ausgegangen, der ein Aroma verbreitete wie eine Tankstelle. Eine Tankstelle im Winter, denn der Nachbar hatte etwas gerochen, die Tür aufgebrochen und den brennenden Kranz samt Tisch mit seinem Feuerlöscher sorgfältig eingeschneit. Das war kurz vor Mitternacht gewesen. Gehört hatte er nichts, keinen Todesschrei, keinen Aufschlag im Hof. Er hatte zum x-ten Mal *Star Wars* geguckt, da hat man kein Ohr für Todesfälle in einem Hinterhof von Rosenheim.

Unerwartete Hilfe kam von Sepperl, der augenscheinlich doch ein Suchhund war. Er hatte ein metallenes Zippo-Feuerzeug gefunden. Da es sich nicht zerkauen ließ, brachte er es zum Herrchen. Herrchen tütete das Ding ein und übergab es der KTU, die gerade im Hinterhof fertig geworden war und jetzt die Wohnung in Beschlag nahm.

„Einen Überblick haben wir, ab sofort stehen wir eher im Weg. Abmarsch", verkündete Kugelblitz.

Auf sein Geheiß checkte Raffaela noch einmal den Hof, aus dem es kein Entrinnen gab. Der Täter musste also durch den Vordereingang wieder hinausverschwunden sein, falls es überhaupt einen Täter gab. Ein freiwilliger Sprung aus dem Fenster war ja nicht ausgeschlossen.

Ein Stadtschreiber ist ein Literat, der ein Stipendium gewonnen hat, das manche Städte oder auch kleinere Orte ausschreiben. Der Sieger bekommt für höchstens ein Jahr Logis und Lebensunterhalt und muss dafür eine schriftstellerische Gegenleistung erbringen. Der aus der dritten Etage abgestürzte Gerd Köpenick hatte die Idee gehabt, „Rosenheimer

Lieder" zu schreiben, die er mit seiner Gitarre an verschiedenen Plätzen der Stadt vortrug. Leider waren die Songs ganz anders, als die Jury sich das ausgemalt hatte. Es waren Rundumschläge eines „Gscheidhaferls", wie Besserwisser hierzulande genannt werden. In Rosenheim brauchten sie aber keinen Weltverbesserer, sie hatten ja den grünen Inn, den Simssee, den Mangfallpark und das Flötzinger Bräu. Darüber sollte er singen! Tat er aber nicht. Lieber intonierte er vor dem Metzgerladen in der Fußgängerzone ein Lied gegen den Fleischkonsum. Was bei denen, die sich auf ihr Schnitzel freuten, überhaupt nicht ankam. Auch gegen das Herbstfest, eine Art Mini-Wiesn, richtete sich sein gerechter Zorn. Feiern, trinken, konsumieren, er prangerte es vehement an. Aber das Fest hatte etwas dagegen. Es lärmte aus Dutzenden Lautsprechern zurück. Gegen *Atemlos durch die Nacht* oder *Polonäse Blankenese* hatten das Pankow'sche Geleier nicht den Hauch einer Chance. Die Mission des Barden scheiterte. Köpenick ging den Bürgern mit seinen belehrenden Songs einfach nur auf den Zeiger, also ignorierten sie ihn. Dass er jetzt sein freudloses Leben ausgehaucht hatte, war beachtenswert konsequent. Zum Glück schrieb niemand darüber ein Lied.

Die Presseabteilung der TV-Produktionsfirma Bavaria erwies sich als kooperativ. Bei den Rosenheim-Cops sind schließlich alle nett. Nur die Controllerin Frau Ortmann nicht, aber die ist eh aus der Serie herausgeschrieben. In der Presseabteilung der Bavaria saß eine Dame, die sich bereit erklärte, die elektronische und auch die briefliche Fanpost auf verdachtige Zuschriften, Drohungen und Ähnliches zu überprüfen. Auch sehr nett, Raffaela war zufrieden.

Dann marschierte sie zur KTU, die das Notebook des Dichters inspiziert hatte. Dabei waren zwei verschiedene Arten von Fingerabdrücken gefunden worden: die eines Unbekannten und die des Toten. Auf dem Zippo-Feuerzeug nur Abdrücke des Opfers und Hundegesabber.

Der Kommissar nahm das Notebook dankend entgegen und machte sich erst einmal über die „Rosenheimer Lieder" her. Sepperl pennte derweil unter dem Schreibtisch. Er war, wie schon erwähnt, musikalisch nicht interessiert.

Die Songs gaben nichts her außer Tristesse, sowohl textlich wie auch musikalisch. Die Jury ärgerte sich heute noch einen Wolf, diesen Köpenick gekürt zu haben. Aber es hatte ja unbedingt ein „neuer Wilder" sein müssen. Jetzt war der neue ein toter Wilder. Mal sehen, wer als Nächster kam.

Unter Raffaelas wallender brünetter Mähne verbarg sich ein schlaues Köpfchen, in dem sich ein Gedanke festgesetzt hatte, der nicht mehr weichen wollte. Eine Theorie, die den Brand im Rathaus, den Brand in der Stadtschreiberwohnung und den Tod des Schreibers aufs Trefflichste verband. Dem Kugelblitz würde sie noch nichts erzählen, sie musste das Gedankengebäude erst mit Beweisen untermauern, damit es nicht als Luftschloss zusammenbrach.

Raffaela rief noch einmal die nette Frau in der netten Produktionsfirma an.

„Wir heben nicht alles auf", gab die Dame zu wissen, „denn vieles ist kompletter Schwachsinn. Wenn ich etwas finde, schicke ich es per Mail."

„Danke, sehr freundlich."

Kugelblitz Faltermeier war genervt. Von den Liedern des Stadtschreibers und weil nichts weiterging. Der Gerichtsmediziner war noch bei der Arbeit. Der Kommissar beschloss, selbst nicht mehr bei der Arbeit zu sein, wenigstens nicht im Büro. Er nahm den Sepperl ins Schlepptau und machte sich mit ihm auf den Weg zur *Rosenquelle*. Das Lieblingswirtshaus von Herrchen und Hund.

Wie immer steuerten sie den kleinsten Tisch ganz hinten im Eck an.

„Wie immer?", fragte Kellner Alois.

„Wie immer!"

Im Grunde eine unnötige Konversation. Denn es war immer wie immer, und das hieß: eine Halbe und zweimal Fleischpflanzerl. Einmal kross gebraten mit Senf und Breze für auf den Tisch; einmal roh, ungewürzt und ohne Breze für unter den Tisch. Fleischpflanzerl, das sind die Dinger, die anderswo Frikadellen heißen oder Buletten und von denen der Dichter Jean Paul sagt, sie seien eine Götterspeise, denn nur Gott wisse, was drin ist.

Dann startete der Kommissar seine Bierdeckel-Ermittlung. Eine Eigenkreation, und die ging so: Er schrieb Fragen oder Lösungen auf die weiße Rückseite von Bierdeckeln und baute drei Stapel. „Gscheid", also gescheit, „Gscheid bled", also Blödsinn, und der dritte Stapel „Woaß ned", also weiß nicht.

Das Ratespiel war in vollem Gange, als es unterbrochen werden musste, weil Kellner Alois mit den Pflanzerln im Anmarsch war.

Nachdem das Gourmet-Menü verdrückt war und die Stapel fertig gestapelt waren, ergab sich folgendes Bild: Der Hund schnarchte im Untergeschoss, das Herrchen brauchte noch eine Halbe und das Ergebnis des Turmbaus zu Rosenheim war befriedigend.

Weil sich im Kugelblitz-Kopf ein Gedanke festgesetzt hatte, der nicht mehr weichen wollte. Zwar passte der Brand im Rathaus nur bedingt dazu, aber dabei könnte es sich ja um ein Ablenkungsmanöver gehandelt haben.

Sofort morgen früh würde er im Kulturamt anrufen.

Streifenhörnchen Raffaela saß aufrecht im Bett, trug ein schillernd-rotes Satin-Top und fixierte ihr Tablet. Die freundliche Dame aus München hatte eine Datei geschickt. Raffaelas Verlobter war gerade nach Hause gekommen, hatte Gefallen an dem Satin-Hemdchen gefunden, war aber per amtlicher Verfügung ins Wohnzimmer vor den Fernseher verbannt worden: „Leichen gehen vor!“

Die Datei trug den Titel *Brennende Leidenschaft*. Raffaela begann zu schmökern und fühlte sich mehr und mehr bestätigt.

„Weißt du, was ich gerade lese?“, rief sie ins Wohnzimmer.

„Nö.“

„Ein Drehbuch mit dem Titel *Brennende Leidenschaft*.“

„Okay, ich komme zum Löschen!“

„Später. Leichen gehen vor.“

Der Anruf im Kulturamt erbrachte mehr, als Kugelblitz sich erhofft hatte. Der Amtsleiter klärte ihn zuallererst darüber auf, dass es keine neue Wahl eines Stadtschreibers geben werde. Der Zweitplatzierte würde für die verbleibenden Monate nachrücken, so sagten es die Statuten.

„Er heißt Jakob Unterweger und ist ein pikanter Fall. Vorbestraft wegen gefährlicher Körperverletzung. Er hatte dem Liebhaber seiner Frau aufgelauert und ihn mit einem Zaunpfahl niedergestreckt. Das Opfer konnte noch den Kopf wegdrehen und hat schwer verletzt überlebt. Unterweger saß zwei Jahre ein und hat hinter Gittern begonnen, Kurzgeschichten zu schreiben. Geschichten, die klug sind und lustig zugleich. Wie man im Gefängnis lustige Literatur verfassen kann, dürfen Sie mich nicht fragen. Auf jeden Fall hat er mit seinen *Rosenheimer Randnotizen* den Sieg nur hauchdünn verfehlt. Ich erinnere mich an eine Glosse über die Poesie der Amtssprache. Wir haben schließlich in unserer Stadt eine *Taubenfütterungsverbotsordnung* sowie eine *Verordnung über öffentliche*

Anschläge. Klingt wie ein Kodex für Terroristen, ist aber eine Plakatierungsverordnung, kurz Plakat-VO. Alles klar?"

„Schön schräg!", kommentierte der Kommissar, „ich brauche die Kontaktdaten."

Die *brennende Leidenschaft* begann mit einer Leiche im *Kinderparadies*. Dort gab es alles zu kaufen, was Eltern brauchen, um ihren Nachwuchs wohlmeinend und hemmungslos zuzuschütten. Beispielsweise wahnsinnig pädagogische Bausätze für Roboter-Spinnen mit Solarantrieb. Oder pinke Schminkkoffer-Sets, passend zum pinken Puppenhaus für eine Menge Pinkepinke. Die tote Frau lag im Eingangsbereich gleich neben einer vier Meter hohen Fichte, die munter vor sich hin brannte. Es roch nach Benzin. Es war Mitternacht, das Paradies war geschlossen. Passanten bemerkten das Feuer, riefen die 112, die Feuerwehr schlug die Glasfassade ein, löschte den Brand und entdeckte die Tote.

Kommissar Stadler, der wie üblich auf dem Bauernhof der Stadträtin Marie Hofer wohnte, saß mit seiner Gastgeberin beim üppigen Frühstück, als wie üblich sein Smartphone klingelte: „Es gabat a Leich", verkündete Miriam Stockl, die emsige Sekretärin der Kripo. Stadler musste, wie ebenfalls üblich, sein Frühstück abbrechen, klatschte eine Scheibe Leberkäs auf ein Brötchen, kleckerte süßen Senf darauf, hielt den Leckerbissen mit den Zähnen fest, schwang sich ins Auto und nahm Kurs auf die Leich. Natürlich musste er Sekunden später bremsen, wobei ihm das Frühstück aus den Zähnen fiel und die Hose um eine delikate Senfverzierung bereicherte. So oder so ähnlich fangen schließlich alle Ermittlungen bei den Rosenheim-Cops an.

Streifenhörnchen Michi war schon am Tatort, der schnieke Kommissar Hansen ebenfalls. Stadler erschien wie immer als Letzter. Michi, der Allwissende, hatte die Tote bereits als eine stadtbekannte Aktivistin identifiziert, die es sich auf die Fahnen geschrieben hatte, den Konsumrausch auf das Gnadenloseste zu geißeln.

Die Story wurde immer abstruser. Irgendwann erschien sogar Kriminaldirektor Gert Achtziger, um für seine Enkeltochter ein Weihnachtsgeschenk zu erwerben. Eine Baby-Born-Puppe „mit Trink- und Nässfunktion", quasi ein Spielzeug, bei dem es läuft. Seltsamerweise hatte er keine Ahnung, dass im *Kinderparadies* gerade seine eigenen Leute im Einsatz waren.

An dieser Stelle war der Producer endgültig überzeugt davon, dass dieses Manuskript in den Müllschrank gehörte. Dort hatte es seitdem gelegen, bis die Pressedame es eingescannt und an Raffaela geschickt hatte.

Kugelblitz hatte währenddessen seine schöne Theorie begraben müssen, der vorbestrafte Ersatzmann für den Stadtschreiber könnte bei der Nachfolge nachgeholfen haben. Indem er den miesepetrigen Liederbarden aus dem Fenster gekippt hatte. Eine Liebesdienerin wandte dagegen ein, dass man während einer gemeinsamen Nacht kaum Gelegenheit habe, jemanden ganz woanders aus der dritten Etage zu schmeißen. Er habe sie bis zum Morgen gebucht und die Zeit weidlich genutzt.

Der Kommissar wandte sich noch einmal dem Rechner zu. Es gab darauf eine Datei, die sich erfolgreich jedem Öffnungsversuch widersetzte, weil mit einem Kennwort gesichert. Gerade wollte er die Spezialisten von der IT zu Hilfe rufen, da erschien Raffaela, strahlend wie der junge Morgen.

„Ich hab's", verkündete sie.

„Ich hab's nicht", gab Kugelblitz zurück, „Kennwörter zu knacken ist nicht meine Stärke."

„Wenn sie den Sepperl vom Besucherstuhl wegscheuchen, kann ich es ja probieren."

Der Hund räumte widerwillig und beleidigt das Feld, Raffaela ging an den Start und verkündete Minuten später: „Der Kaas is bissen!"

Also, der Käse ist gebissen, in hochanständigem Hochdeutsch, die Sache ist erledigt. Das Codewort war *Christbaum* gewesen, Raffaella reichte das Notebook zurück.

„Sie können vorlesen. Und wetten, ich weiß, was drinsteht."

Kugelblitz Faltermeier wollte gerade mit dem Vortrag beginnen, als er sich erinnerte, dass in der Notfall-Schublade noch Zimtsterne der Vernichtung harrten. Als Sepperl das Rascheln der Tüte hörte, war er plötzlich überhaupt nicht mehr beleidigt. Er kam aus seiner Schmollecke und legte sich mit Unschuldsmiene neben den Besucherstuhl. Das Gehirn braucht Zucker. Den Zimtstern, der geflogen kam, schnappte er elegant aus der Luft. Anschließend tat er so, als wäre er ganz begierig auf die Lösung des Falles.

Der Kommissar begann vorzutragen, was der Rechner des toten Stadtschreibers ergab:

Wenn Sie dies lesen, bin ich nicht mehr da. Aber ich habe meine letzten Werke vollbracht.

Ich habe den Weihnachtsbaum im Rathaus abgefackelt. Eine symbolische Rache an den Rosenheim-Cops, weil die großen Fernsehmacher mein Manuskript abgelehnt haben. Per Mail mit einem Textbaustein: „...passt leider aktuell nicht in unsere Planung. Wir wünschen Ihnen für Ihren weiteren Schaffensweg alles Gute. Mit freundlichen Grüßen.“

Die Rosenheimer Spießbürger hatte ich ebenfalls satt. Immer musste alles schön sein, bayerisch-gemütlich, bloß nicht anecken, bloß nicht nachdenken, alles so lassen, wie es immer schon war. Weil ich dagegen angeschrieben habe, darum hassten sie mich. Genau wie mein Bruder Günter. Der hatte mich immer auf dem Kieker, weil ich halt ein Gerechtigkeitsfanatiker und Weltverbesserer bin. Und weil die Eltern das an mir geschätzt haben. Während er als Hallodri um die Häuser flog, ein Nichtsnutz, ein verlorener Sohn. Jetzt hat er mich besucht und sich an meinen Misserfolgen geweidet, der Verräter. Er hat gegrinst, gestichelt und ich habe ihn aus dem Fenster geworfen, weil es mir auf den Keks ging, wie schon mein ganzes Leben lang. Der brennende Kranz war nur ein Gag, ich hatte noch Benzin übrig und fand einen flammenden Abgang der Sache angemessen.

Günter war mein Zwillingsbruder. Das heißt trotzdem, dass er andere Fingerabdrücke hat als ich. Zum Glück hat er auf meinem Notebook herumgespielt, und das Feuerzeug war ohnehin seines. Bis die Polizei das herausbekommt, wenn überhaupt, bin ich längst weg. Wohin, das wird keiner je erfahren. Einmal muss ich ja auch etwas auf die Reihe kriegen. Frohe Weihnachten allerseits!

Okay, Raffaela hatte danebengelegen. Sie hatte gedacht, Gerd Köpenick hätte sich wegen seiner Misserfolge umgebracht. Auf einen hämischen Zwillingsbruder zu kommen, war schon etwas viel verlangt.

Trotzdem war sie so gut drauf wie lange nicht. Erstens hatte Kugelblitz Faltermeier ihr die Beförderung von der Polizeiobermeisterin zur Hauptmeisterin in Aussicht gestellt. Damit würde sie auf einer Stufe stehen mit dem legendären Michi Mohr aus der Serie. Und zweitens hatte ihr Verlobter sich endlich zu einem Heiratsantrag aufgerafft. Gestern Abend in der Piccadilly-Bar war er unvermittelt vom Hocker gerutscht, hatte eine Rose aus dem Blouson gezaubert und die magischen Worte gesprochen. Ihr hatte vor Rührung fast die Stimme versagt, das „Ja“ hatte sie gerade noch herausgebekommen.

Zur Feier des Tages brachte sie eine Großpackung Zimtsterne mit ins Kommissariat. Der Kommissar sah es mit Wohlgefallen, Sepperl tat desgleichen.

der Welt in das Ostallgäu zum märchenhaftesten Märchenschloss aller Zeiten. Zum Schloss Neuschwanstein hoch über dem Forggensee, nahe an der Stadt Füssen. Sogar in Disneyland haben sie es schon nachgebaut, aber so superschön kitschig wie der Bayernkönig haben sie es nicht hingekriegt, nicht einmal mit den Fantastilliarden von Onkel Dagobert.

Es war der 25. Dezember. Da empfängt das Schloss nicht, da ist Weihnachtsruhe. Sogar die Japaner sind zu Hause in Kyōto oder Fukuoka, haben ihre Plastiktannen illuminiert und am Vorabend „Kiyoshi Kono Yoru" gesungen. Was „Stille Nacht, Heilige Nacht" heißt, wie wir uns denken können.

Nur eine schwarzgekleidete und schwarzvermummte Gestalt hatte sich auf den Weg zum Schloss gemacht. Dieser Weg führt über die Marienbrücke, von der man prima auf Ludwigs türmchengekröntes Domizil gucken kann. In die 95 Meter tiefe Pöllatschlucht unter der Brücke zu schauen, ist nur Hartgesottenen zu empfehlen. Der Vermummte kam nicht in die Verlegenheit, er war bereits vor der Brücke vom Weg abgebogen und auf einen Felsvorsprung zumarschiert.

Tags darauf wurde er zerschmettert im Tal des Pöllat-Wildbaches tief unter Neuschwanstein gefunden.

Die schwarzen Guglmänner waren zur Pestzeit die Totengräber gewesen. Um sich gegen Ansteckung zu schützen, trugen sie Gesichtsmasken, die nur die Augen frei ließen, und eine Gugl, eine Art Kapuze, die Namensgeberin für den Guglhupf gewesen sein soll. Warum auch immer. Als die Pest ausgestanden war, wurden die Guglmänner zu Begleitern der Trauerzüge. Je wohlhabender der Verstorbene war, umso mehr Guglmänner wurden von der Familie für das Geleit aufgeboten und bezahlt. Auch bei der Beerdigung von Ludwig II. waren Kapuzenträger dabei gewesen. Daraus ist eine Bruderschaft entstanden, die unverbrüchliche Treue zum „Kini" auf ihre schwarzen Fahnen geschrieben hat. Die Mitglieder treten für die Beibehaltung der Monarchie ein und verteidigen heute noch die These, der Märchenkönig sei vom preußischen Geheimdienst hinterlistig umgebracht worden. Getreu der bayerischen Überzeugung, dass die Nordlichter allesamt unverschämte *Saupreissen* seien.

Die Guglmänner kann man auch googeln, denn sie haben eine eigene Website. „Die Guglmänner SM. Ludwig II.", so der Titel. Wobei SM nicht für Sadomaso steht, sondern für Seine Majestät. Sogar der weiß-blaue Ministerpräsident Markus Söder hat die Verschwörer an der Backe. Sie fordern allen Ernstes seine Unterstützung bei der Errichtung einer überdimensionalen Büste, die aus dem Felsen der Kampenwand im Chiemgau herausgehauen werden soll. So wie die monumentalen Köpfe der US-Präsidenten am Mount Rushmore in South Dakota.

Nun da ein Kapuzen-Verschwörer tot war, stellte sich die Frage, ob er von selbst gestürzt war oder ob jemand ihm Schwung verliehen hatte. Diese Frage war an Franz-Josef Schladerer gerichtet. Der war kein Königstreuer, aber ein g'scheiter Bayer war er schon. Demzufolge hatte er dieselben Initialen wie Franz-Josef Strauß, einst Ministerpräsident in München und begabtester Sprücheklopfer der bayerischen Politik. Optisches Bekenntnis des Kommissars zum Freistaat waren ein Parka aus Loden sowie Winterboots mit Edelweiß-Muster. Weil mia san mia.

Derzeit war Loden-Schladerer ein einsamer Wolf. Privat, weil ihm die Freundin abhandengekommen war, beruflich, weil Kollegin Zoe ihr zweites Kind erwartete. Jetzt war er ganz allein ein Team und wurde aus Kempten an den Tatort abkommandiert. Am zweiten Weihnachtsfeiertag, zäfix!

Wobei der Tatort nur vermutet werden konnte, eine Felsnase mit bestem Blick auf das Schloss. Von dort ging es krachend in die Tiefe, direkt zum Fundort der übel zugerichteten Leiche in den schwarzen Klamotten. Kommissar FJS machte Fotos von der verdächtigen Stelle, wo ein rotes Grablicht gespenstisch vor sich hin flackerte. Einen Ausflug in die Schlucht sparte er sich. Dort unten sollte sich die Kriminaltechnik austoben. Er würde jetzt wieder nach Hause fahren, den Rest vom Weihnachtspunsch austrinken und morgen die Ergebnisse der Ermittlungen studieren.

Die Ergebnisse waren umfangreich, die Auswirkungen des Weihnachtspunsches zum Glück nicht. Zwei Espressi, dann wurde ermittelt wie der Teufel! Bei dem Toten handelte es sich um Leopold Wanninger, Inhaber einer mittelständischen Käserei in Bad Tölz, 60 Jahre alt, verheiratet. Er trug nachtschwarze Klamotten, eine wattierte Hose, eine Daunenjacke mit Kapuze und eine Gesichtsmaske mit Sehschlitzen. Am Hals hatte er ein Medaillon mit dem Porträt von König Ludwig. Wanninger war an den Folgen des Sturzes gestorben, ein Todesfall also im besten Sinn des Wortes. Spuren von Gewalt gab es nicht. Was einen kräftigen Schubs nicht ausschloss, die dicke Jacke hätte den Stoß erfolgreich abgepolstert. Bei der Obduktion wurde ein fortgeschrittenes Prostata-Karzinom festgestellt, also kaum noch reversibler Krebs. Auch die Bedeutung der schwarzen Kostümierung hatten die Kollegen herausgefunden. Ein entsprechendes Dossier lag bei. Schladerer brachte grinsend Verständnis für die schwarzen Männer auf, schließlich hatte er auch einmal einer verschwörerischen Gemeinschaft angehört, den „Freunden der Aliens", die auf Kontakte zu Außerirdischen hofften. Okay, damals war er zwölf gewesen, und sie wollten auch nicht grüne Männchen in bayerische Berge gemeißelt haben.

Die Ehefrau hatte bereits das Schlimmste vermutet, als ihr Mann nach seiner üblichen Weihnachtstour nicht nach Hause gekommen war. Sie telefonierte sämtliche Bekannten ab, suchte ihn in der Firma und gab schließlich eine Vermisstenanzeige auf.

Kommissar Schladerer legte die Unterlagen zur Seite und vermisste Zoe. Ein Austausch ist immer gut und ein kleiner Wettbewerb erst recht. War es ein Unglück, Selbstmord oder Mord? Falls Mord, wer findet die finale Spur?

Welche Spuren gab es eigentlich?

„Mein Mann war der Nautonier der Guglmänner", sagte Gretel Wanninger aus. „Der Nautonier ist der Steuermann der Bruderschaft, anders gesagt, der Chef. Ein Chef auf Lebenszeit. Damit ist der Haufen jetzt kopflos."

Tiefen Respekt vor den Getreuen des Königs schien die frisch verwitwete Dame nicht zu hegen.

„Den Heiligen Abend haben wir wie immer mit den Kindern und den Enkeln gefeiert, und am ersten Weihnachtstag ist mein Leopold wie jedes Jahr nach Neuschwanstein gefahren, um für den König vis-à-vis vom Schloss eine Kerze aufzustellen. Das war ein Ritual."

Sie wischte sich mit einem Taschentuch die feuchten Augen trocken.

„Wahrscheinlich ist er auf dem Felsen ausgerutscht, er war ja nicht mehr der Jüngste. Als er bis zum Abend nicht wiederkam, haben wir eine Vermisstenanzeige aufgegeben. Doch es hieß bloß, dass er keine hilflose Person sei, bei der sofortiges Handeln erforderlich wäre. Wir sollten uns gedulden."

FJS dachte bei sich: „Wenn die Polizei nach jedem Mann suchen würde, der abends nicht nach Hause kommt, wäre sie auf Jahre ausgelastet."

Er sagte es aber nicht.

„Natürlich kann es ein Unfall gewesen sein, ein Ausrutscher, aber ich muss auch andere Möglichkeiten in Betracht ziehen. Hatte Ihr Mann Feinde, Konkurrenten?"

„Sie wollen andeuten, er wurde ermordet?"

Die Witwe sortierte ihre Gedanken, und es waren viele Gedanken.

„Möglicherweise hat jemand von den Guglmännern auf sein Amt geschielt. Einer von den sechs Seneschallen, die in der Hierarchie nach dem Steuermann kommen. Ich weiß allerdings nicht, wer diese sechs sind, es ist alles unwahrscheinlich geheim, fast schon kindisch."

Wie bei den „Freunden der Aliens", erinnerte sich der Kommissar. Aber seine Verirrungen in der Jugendzeit taten hier nichts zur Sache.

„Ich könnte es auch gewesen sein", gestand Gretel überraschend, „schließlich hat er mich mit Camembert-Kitty betrogen. Das ist seine

Assistentin, sie assistiert auch im Bett. Ich hatte allerdings keinen Grund, mich aufzuregen, denn ich habe einen Tröster gefunden, den Arzt von Leopold. Mein Mann weiß davon, äh, er wusste davon."

Ein tiefer Seufzer.

„Wir zwei sind einfach zusammengewachsen in all den Jahren, da trennt man sich nicht mehr wegen läppischer Bettgeschichten."

Kommissar Franz-Josef war hellhörig geworden.

„Wer ist der Arzt?"

„Doktor Schropp hier in Tölz."

„Eine letzte Frage noch. Wie standen Sie zu dem königstreuen Verein?"

„Kein Verein, eine Bruderschaft, darauf legen sie Wert." Gretel lächelte. „Ich habe ihm den Spleen gegönnt und mich nicht weiter darum gekümmert. Früher hat mich diese ewig gestrige Sippschaft total genervt, jetzt bin ich altersmilde geworden."

„Ob es diesen Sinneswandel wirklich gegeben hat?", überlegte Schladerer. Er würde die Witwe im Auge behalten. Vielleicht war ein herzliches Beileid ja gar nicht angebracht. Nach zehn Jahren bei der Kripo traute FJS den Leuten jede Niedertracht zu. Oder wie der andere FJS es ausgedrückt hat: „Ein Pessimist ist ein ausgelernter Optimist."

Doktor Schropp studierte das Protokoll der KTU. Dann lehnte der Arzt sich zurück.

„Ja, der Krebs ist amtlich, aber Leopold wollte nicht, dass jemand davon erfährt. Vor allem keiner von der Bruderschaft."

Jetzt hatte der Arzt sich verplappert. Er gehörte dazu, er war ein Guglmann. Und er war der offizielle Liebhaber der Ehefrau, wie er unumwunden zugab. Hochinteressant, der Kerl! Die Liste möglicher Täter nahm Formen an, sofern es überhaupt einen Täter gab. Andererseits, warum sollte der Doktor seinen Patienten umbringen? Er wusste doch, dass der bald von selbst abtreten würde. Vielleicht Tötung auf Verlangen? Aber warum so kompliziert mit Anreise, Aufstieg und Fall? Es gab doch einschlägige Medikamente. Dem Ermittler fehlte jede einschlägige Idee.

Die Käserei roch, wie Käsereien eben riechen. Nach Gouda und Gorgonzola gleichzeitig. Wobei beide Begriffe auch Ortschaften bezeichnen. Die Stadt Gouda in Südholland ist allgemein bekannt, aber Gorgonzola? So nennt sich ein Vorort von Mailand mit eigener U-Bahn-Station. Und das ist kein Käse, sondern eine Tatsache.

Die Erzeugnisse des Hauses Wanninger waren nicht nach Orten benannt, sie trugen Vornamen. Der Emmentaler hieß Erwin, der Cheddar Charly und der Camembert hieß Kitty.

„Ich wäre lieber ein Frischkäse", ließ die Blondine in den Dreißigern wissen, „aber diese Zeiten sind vorbei. Außerdem heißt der Frischkäse seit ewigen Zeiten Fritz. Der Camembert ist relativ neu im Programm, also wurde ich Taufpatin."

Ihr Lächeln wirkte gezwungen. Kein Wunder angesichts der Ereignisse.

Kitty redete weiter ohne Punkt und Komma.

„Poldi war die Liebe meines Lebens. Alle nannten ihn Leo, aber ich nannte ihn Poldi. Er wollte mich heiraten, warum sollte er in die Schlucht springen? Garantiert hat ihn jemand gestoßen. Vielleicht einer von *Alpensonne*. Das ist eine Konkurrenzfirma, wissen Sie? Die wollten uns aufkaufen, aber Poldi hat sich geweigert. Es kann auch einer von den Königstreuen gewesen sein. Oder seine Gretel hat es getan, die angeblich so verständnisvolle betrogene Ehefrau."

Franz-Josef Schladerers Erkenntnisgewinn hielt sich in Grenzen trotz des Redeschwalls der Geliebten. Dass ein konkurrierendes Unternehmen einen Auftragskiller anheuert, schien ihm zu weit hergeholt, das war Wilder Westen und nicht südliches Bayern. Die restlichen Verdächtigungen lagen ja bereits auf dem Tisch.

Und Kitty? Man fand sie am nächsten Vormittag leblos in der Pöllatschlucht. Fast an der gleichen Stelle, an der ihr Poldi sein Leben ausgehaucht hatte. Auf dem Felsvorsprung brannten zwei neue Totenkerzen.

Wieder dieselbe Frage: Von selbst gefallen oder mit Nachdruck? Schladerer verlor den Überblick, die Presse allerdings nicht. Sie hatte die Ursache der makabren Ereignisse längst ausgemacht. Ludwig II. höchstpersönlich steckte dahinter, 140 Jahre nach seinem eigenen Tod. *Der Fluch des Märchenkönigs* lautete die gruselige Schlagzeile im *Füssener Tagblatt.* Der Artikel schilderte genüsslich die deprimierenden letzten Jahre von Ludwig II. Er hatte horrende Summen für die Kunst und für seine verspielten Schlösser ausgegeben, war immer menschenscheuer geworden, redete mit den Tieren des Waldes, machte die Nacht zum Tag. Er tröstete sich in seiner Isolation mit Süßigkeiten, verlor immer mehr Zähne und wurde zusehends fülliger. Auch schmiedete er Pläne, auf den Kanarischen Inseln sein eigenes privates Königreich zu errichten. Die Staatsregierung zog schließlich die Notbremse und ließ ihn entmündigen. Er wurde in ein Schloss der Wittelsbacher am Starnberger See abgeschoben, wo er unter Bewachung von Pflegern und seinem Psychiater Gudden stand. Mit dem er am Pfingstsonntag 1886 einen Abendspaziergang unternahm. Sie kehrten nicht zurück, beide wurden tot im See gefunden. Nicht gerade ein märchenhaftes Ende. Die glaubwürdigste Variante ist folgende: Ludwig hatte vor, dramatisch zu ertrinken, als wär's eine Oper seines Idols Richard Wagner. Gudden wollte ihn am Selbstmord hindern, sie rangen im Wasser miteinander, der dicke König hatte dem Arzt eine verpasst, worauf der Psychiater bewusstlos ertrank. Der König aber marschierte immer weiter in die Wellen, bis er versank. Sein Abgang – ein Untergang.

Ein Untergang, den die Guglmänner bis heute so nicht hinnehmen wollen, weil ein bayerischer „Kini" sich nicht umbringt, sondern allenfalls von preußischen Agenten abgemurkst wird. Damit sind wir wieder bei den aktuellen Todesfällen im Dunstkreis des Märchenkönigs. Was die Existenz eines Fluches unzweifelhaft bestätigt, jedenfalls laut *Füssener Tagblatt*. Ziemlich ballaballa, diese Theorie.

Ludwig hatte sich durchgesetzt mit seinen Worten: „Ein ewiges Rätsel will ich bleiben mir und anderen."

Wäre Zoe jetzt nicht mit dem Kinderkriegen beschäftigt, würde FJS mit ihr im Kommissariat sitzen und die verzwickte Lage erörtern. Stattdessen saß er im heimischen Kempten in seiner Stammwirtschaft vor einem Weißbier. Auch nicht schlecht. Das Haus hatte einen entscheidenden Vorteil für komplizierte Ermittlungen, es gab papierene Tischsets, auf denen ganze Kriminalfälle Platz hatten. Schladerer war heftig am Notieren, zog Pfeile von A nach B, strich sie wieder aus und hatte am Ende ein Gekritzel fabriziert, das ihn verzweifelt zum Bierglas greifen ließ. Glücklicherweise fuhr das Handy mit einem Anruf dazwischen.

Im Kommissariat war ein Hinweis eingegangen. Am Tag, bevor Kitty gefunden wurde, waren am Parkplatz P4 in Hohenschwangau zwei Autos aufgefallen. Aufgefallen, weil die Besucherplätze an diesen Tagen normalerweise leer sind. Der cremefarbene Mini entpuppte sich als Kittys Gefährt, aber viel interessanter war der rote Elektro-Smart. Mit seiner Bierdeckel-Ermittlung wäre FJS da wohl nie draufgekommen. Er pfiff durch die Zähne und bestellte einen Allgäuer Heuschnaps. Man muss die Feste feiern, wie sie fallen!

Am nächsten Tag trafen drei Briefe ein. Bei unterschiedlichen Empfängern. Den ersten fand Gretel Wanninger in ihrer Post. Kein Absender, seltsam. Sie öffnete das Kuvert und musste nach Luft ringen. Leos Handschrift!

Es tut mir leid, ich kann nicht mehr. Ich habe es Dir nicht gesagt, ich habe es niemandem gesagt. Nur Schropp hat es gewusst. Aber er ist ja zum Schweigen verpflichtet. Ich habe Prostata-Krebs, ich bin nicht mehr zu retten. Ich will keine Chemie, ich will nicht an Maschinen, ich will selbst gewählt in Würde sterben. Ich gehe jetzt. Ich liebe dich!

Als die Putzfrau zum täglichen Reinemachen kam, lag die Hausherrin regungslos auf dem Sofa.

Der zweite Brief wurde von der Polizei gefunden. Bei der Durchsuchung von Kittys Wohnung. Er steckte noch im Briefkasten, die Empfängerin hatte aus der Pöllatschlucht ja keinen Zugriff gehabt. Kein Absender, seltsam. Noch seltsamer: Das Schreiben hatte exakt denselben Inhalt wie die Nachricht an Gretel Wanninger. FJS wusste, warum.

Der dritte Brief wurde ebenfalls in Kittys Wohnung gefunden. Er lag im Drucker. Schladerer nahm das Blatt an sich. Normalerweise würde ihm jetzt Zoe über die Schulter schauen, er würde ihr die Nachricht überlassen, und sie würde laut vorlesen. Was aber wegen akuter Familienplanung momentan nicht möglich war. Also las er lautlos für sich, und es lief ihm kalt über den Rücken.

Heiligabend war die Hölle. Das erste Weihnachten, seit ich mit Poldi zusammen war. Aber er ließ mich allein, blieb bei seiner Frau und seiner Familie. Ich verzweifelte in meiner Single-Wohnung. Die Nachbarn spielten laut weihnachtliche Musik, in den Fenstern gegenüber leuchtende Christbäume. Jeder Glaube an die Zukunft kam mir abhanden. Er hatte geschworen, mich zu heiraten, und dann ließ er mich an Weihnachten sitzen. Brutaler geht es nicht. Jesus ist geboren, Poldi ließ mein Herz sterben. Also sollte er auch sterben. Ich wusste von seinem Ritual, eine Kerze für den König aufzustellen. Deshalb bin ich nach Hohenschwangau gefahren, den Weg hinauf zum Schloss gegangen und habe mich im Dickicht hinter der Felsnase versteckt. Ich habe gezittert, nicht nur vor Kälte. Endlich ist er gekommen. Er hat eine Grabkerze in einem roten Glas angezündet und sie in den Schnee gestellt. Er war gebückt, das war meine Chance. Ich bin aus meinem Versteck hervorgeschossen, und genau in dem Moment ist er gesprungen. Er ist von sich aus in die Schlucht gesprungen. Ich wollte es tun, aber er hat es selbst getan. Ich weiß nicht, was ihn getrieben hat.

Ein Streifenwagen brachte Gretel Wanninger ins Kommissariat. Auf der Treppe zur ersten Etage mussten die Beamten sie stützen. Der Lift war wegen einer Inspektion außer Betrieb.

Sie tat ihm leid, die Frau, die da zusammengesunken vor seinem Schreibtisch saß. Aber Kriminalkommissar Franz-Josef Schladerer musste seine Pflicht tun, also schaltete er seine Gefühle aus.

„Ich kann mir zusammenreimen, was geschehen ist, würdees aber gerne von Ihnen hören."

Gretel Wanninger straffte sich. Der letzte Akt begann.

„Ich war überzeugt, dass seine Geliebte ihn umgebracht hat. Weil sie fest daran geglaubt hat, dass er mich verlassen und sie heiraten würde. Sie konnte sich wohl nicht vorstellen, wie Leopold und ich zusammengewachsen waren in all den Jahren trotz unserer Bettgeschichten. Dass der verdammte Sex nicht alles ist. Aber das habe ich Ihnen ja schon erzählt. Sie wollte ihn allein für sich, und als er nicht mitgespielt hat, ist sie ausgerastet. Verständlich, erst recht zur Weihnachtszeit. Sie ist ihm nachgefahren und hat ihn in die Tiefe gestoßen. Das konnte ich nicht ungesühnt lassen. Ich habe dieses dumme Ding angerufen und vorgeschlagen, dass wir uns auf dem Felsen treffen, gemeinsam an den Leopold denken, rote Totenlichter anzünden. Für ein kurzes Kerzenflackern könnten wir ja Schwestern sein in Leid und Trauer. Sie hat mir alles abgenommen und kam kurz nach mir an die Stelle. Wir haben die Kerzen entzündet, und dabei habe ich sie geschubst. Es war ganz leicht. Sie ist einfach hinuntergefallen. Als ich wieder zu Hause war, habe ich Leopolds Abschiedsbrief gefunden. Und ich habe begriffen, dass ich mich komplett geirrt hatte."

Gretel wurde noch blasser, als sie ohnehin schon war.

„Ich habe einen Mord gerächt, den es gar nicht gegeben hat. Jetzt bin ich selbst eine Mörderin, und ich hasse mich. Denn ich habe ein Leben weggenommen, das ich nie mehr zurückgeben kann."

Sie verstummte, es war vorbei.

FJS ließ Gretel Wanninger abholen und in eine Arrestzelle bringen. Ehe er noch den Staatsanwalt informieren konnte, ploppte auf seinem Smartphone eine SMS von Zoe auf.

Familienplanung vollendet. Es ist ein Mädchen. Wir werden es Franziska Josefa nennen, und du bist der Pate. Okay?

Der Kommissar entschied, dass der Staatsanwalt warten konnte. Jetzt war Zeit für ein Weizenbier und einen Heuschnaps, denn es war ein Kind geboren!

Manche Kinder von heute glauben, Schneewittchen komme aus Disneyland. Das ist falsch, es kommt aus dem Bayernland, präziser aus dem Spessart, aus Lohr am Main.

Wenn ich ehrlich bin, ist das auch nicht richtig, dann diese Herkunft haben sich ein paar schlitzohrige Stammtischbrüder aus dem Städtchen einfach ausgedacht. Sie haben Beweise für ihren Jux an Schneewittchens schwarzen Haaren herbeigezogen, wobei die Theorien recht überzeugend klingen. Schauen wir uns das mal genauer an.

Erstens werden die Brüder Grimm bemüht, durch deren Märchen die Zwergenchefin bekannt wurde. Die Brüder stammten aus Hanau, das recht nahe an Lohr im benachbarten Hessen liegt. Zweites ist der Spessart als dicht bewaldete Gegend ideal, um ein kleines Mädchen dorthin zu schicken, das man loswerden will.

Da rief die Königin einen Jäger und sprach: „Bring das Kind hinaus in den Wald, ich wills nicht mehr vor meinen Augen sehen."

Drittens gibt es von Lohr aus einen Weg über sieben Hügel, die man auch Berge nennen könnte, nach Biebergemünd. Dort wurden dereinst Kobalt, Eisen, Mangan und Kupfer abgebaut. Viele der Bergleute waren kleinwüchsig, so passten sie besser in die niedrigen Stollen. Als Arbeitskleidung trugen sie einen Kittel und eine Zipfelkappe. Zwergiger geht es nicht.

Als es ganz dunkel geworden war, kamen die Herren von dem Häuslein, das waren die sieben Zwerge, die in den Bergen nach Erz hackten und gruben.

Wer will unter der Wucht dieser Argumente noch abstreiten, dass Schneewittchen ein astreines Lohrer Gewächs war? Und ein zähes Gewächs dazu. Die wüsten Märchenabenteuer hat es alle überlebt, sogar die Giftattentate der bösen Stiefmutter. Allerdings brauchte es dazu einen Prinzen, einen Königssohn, der wie immer im Märchen für das gute Ende zuständig ist.

Der Königssohn ließ den gläsernen Sarg von seinen Dienern auf den Schultern forttragen. Da geschah es, dass sie über einen Strauch stolperten, und von dem Schütteln fuhr der giftige Apfelgrütz, den Schneewittchen abgebissen hatte, aus dem Hals. Und nicht lange, so öffnete es die Augen, hob den Deckel vom Sarg in die Höhe, richtete sich auf und ward wieder lebendig.

Und jetzt ist es doch gestorben, endgültig. Sacklzement!

In jungen Jahren hatte Priscilla im Auftrag des Tourismusbüros als Schneewittchen-Darstellerin gearbeitet und damit etwas zum BAföG dazuverdient. Lesungen, Stadtführungen mit und ohne Zwerge, also alles, was der märchenhungrige Besucher aus der Ferne liebt.

Denn die Schnapsidee vom Stammtisch hatte sich zum Verkaufsschlager entwickelt. Lohr wurde zur selbst ernannten Schneewittchen-Stadt. Im Schloss wurde ein Schneewittchen-Museum eingerichtet, wo man natürlich auch den sprechenden Spiegel der fiesen Königin bewundern kann. In den alten Zeiten konnten die Spiegel zwar genauso wenig reden wie heute, aber sie waren mit Sinnsprüchen verziert, deshalb wurden sie *sprechende Spiegel* genannt.

Auf einer Parkbank mitten in der Stadt sitzt ein schneeweißes Schneewittchen aus Kunststein und lädt zum Selfie. In den Cafés gibt es Schneewittchen-Torte, in der tiefrote Sauerkirschen drin sind. Deshalb ist sie völlig kontraproduktiv, wenn man ein weißes Kleid trägt, aber der Erfinder hatte das Märchen gelesen. Drei Blutstropfen im Schnee, wir erinnern uns.

Die weiße Villa in der weißen Winterpracht war beeindruckend. An einem Hang gelegen, umgeben von einem parkähnlichen Grundstück, diente sie als Wohnhaus und Privatklinik zugleich. *Priscilla Perlinger, Ästhetische Chirurgie* stand auf dem goldenen Schild neben dem Eingangstor zu lesen. Im Augenblick war hier gar nichts ästhetisch, eine Armada von Einsatzfahrzeugen staute sich in der Auffahrt, und die Menschen in den weißen Klamotten waren keine teuren Ärzte, sondern klamm bezahlte Menschen der Kriminaltechnik.

Das Sagen in dem ganzen Trubel hatte Mia Siebenbürger, Hauptkommissarin der zuständigen Kripo Würzburg, geschieden, alleinerziehende Mama einer Fünfjährigen. Sie trug grundsätzlich schwarze Klamotten und eine schwarze Igelfrisur, wobei die Haarspitzen nach jedem Friseurbesuch anders gefärbt waren. Momentan knallrot wegen der Weihnachtszeit. Plus knallrote Ohrringe im XXL-Format. Wer sie wegen ihres Modegeschmacks milde belächelte, der hatte allerdings ganz schlechte Karten. In der Behörde nannte man die Frau Siebenbürger kurz und bündig 007. Noch Fragen?

Am Tatort wähnte sich Mia wie in einer progressiven Verfilmung des Schneewittchen-Stoffes. Sie fand ein riesiges Arztzimmer vor, ganz in Weiß, mit allem, was ein plastischer Chirurg braucht. Professionelles Foto-Equipment, um den Ist-Zustand des verschönerungsbedürftigen Klienten festzuhalten, und einen Riesenbildschirm, um darauf vorzuführen, was alles möglich war, um die Nase oder den Hintern oder sonst etwas zu optimieren.

Die Chirurgin saß immer noch in ihrem Chefsessel aus weißem Leder, wo der Tod sie ereilt hatte. Auf dem ebenfalls klinisch reinweißen Schreibtisch eine Schale mit roten Äpfeln. An der Wand dahinter ein überdimensionales Bildnis der Priscilla Perlinger als Schneewittchen in noch lebendigen Tagen.

Wenigstens wurde die Leiche nicht in einem gläsernen Sarg abtransportiert, sondern ganz unmärchenhaft in einen schwarzen Sack gesteckt und auf einer Trage aus dem Haus geschafft. Ein Königssohn war ebenfalls nicht anwesend. Nur Steffi König, die Rechtsmedizinerin.

„Schaut nach absichtlich herbeigeführtem Herzstillstand aus", gab sie Bescheid, „im Papierkorb liegt eine leere Packung von Propofol-Spritzen plus die leeren Ampullen. Die Einstiche im Arm deuten darauf hin, dass sie alle davon abbekommen hat. Mehr Überdosis geht nicht."

„Michael Jackson", sagt Mia 007.

„Wie?"

„Michael Jackson ist auch an Propofol gestorben." Mia verzieh das Unwissen. Rechtsmediziner haben wohl einen anderen Musikgeschmack, die hören bestimmt den ganzen Tag Mozarts *Requiem* oder *Spiel mir das Lied vom Tod.*

Heute Abend würde es wohl spät werden. Deswegen hatte Mia ihre Tochter Merle bei Julia geparkt. Julia war Erzieherin, beste Freundin und immer zur Stelle. Sie ging auch gleich ans Handy.

„Was? Ein totes Schneewittchen?", Julia staunte. Ihre Freundin erlebte Sachen, da konnte man glatt neidisch werden.

„Das Schneewittchen wacht aber wieder auf", ließ sich Merle im Hintergrund vernehmen. Schließlich hatte die Kleine das ganze Lohr-am-Main-Programm zum Geburtstag geschenkt bekommen und war umfassend informiert.

„Ist es okay, wenn sie heute bei dir schläfst?"

„Sie hat schon danach gefragt, also alles gut. Mach deinen Job, Frau 007, und überlass den Rest mir.“

Offensichtlich wurde das Smartphone weitergegeben.

„Mach deinen Job, Frau 007“, krähte Merle fröhlich aus dem Telefon, „hier gibt es gleich Spaghetti, bätsch!“

Wenigstens zu Hause in Würzburg war alles paletti. Hier aber im geheimnisvollen Spessart, im Wald der Spechte, war noch gar nichts geklärt. Mia ahnte, dass der Fall kein einfacher war.

Das gesamte Leben der Priscilla Perlinger war kein einfacher Fall gewesen. Während des Medizinstudiums hatte sie Robert kennengelernt. Sie waren beide ehrgeizig und begabt, der Schönheitsguru Werner Mang hatte sie an seine Bodensee-Klinik geholt, und schließlich waren die zwei jungen Leute ins kalte Wasser der Selbstständigkeit gesprungen. Mit einer eigenen Praxis. Eine Schönheitsklinik in Lohr, das muss man sich erst einmal trauen! Drei Töchter hatten sie bekommen, während die Ehe immer mehr Risse bekam. Bis sie inoperabel war. Streit war beruflich wie auch privat an der Tagesordnung. Robert begann zu trinken, konnte keine OPs mehr durchführen und erstickte eines Nachts im Schlaf. Lange Zeit wurde gemunkelt, die Ehefrau wäre an seinem Tod nicht unbeteiligt gewesen, um frei zu sein für ihren neuen Lover. Dass dieser Liebhaber auch noch Bestattungsunternehmer war, befeuerte die Gerüchteküche zusätzlich.

Die drei Töchter hatten an ihrem Daddy gehangen, ihn geliebt, ja geradezu verehrt. Deshalb hassten sie auch den neuen Kerl an der Seite der Mutter. Sie waren überzeugt, die Liaison der Mutter hätte dem Vater das Herz gebrochen, ihn in die Trunksucht getrieben. Priscilla war für sie an allem schuld.

Mia hatte sich die Akten des alten Falles kommen lassen. Vielleicht war ja etwas dran an den Gerüchten, beim Tod von Priscillas Ex-Ehemann hätte jemand mitgeholfen. Robert war in der fatalen Nacht betrunken gewesen, hatte auf dem Rücken im Bett gelegen und war an der eigenen Zunge erstickt. Wein, Schnaps & Co. entspannen nicht nur das Gemüt, sondern auch die Muskeln, dadurch kann die Zunge zurückfallen und versperrt die Luftröhre. Kommt nicht oft vor, aber selten ist mehr als nie. Natürlich hätte die Ehefrau ihren Mann auch mit einem Kissen ersticken und danach die Zunge manipulieren können. Kein Problem für eine Medizinerin. Allerdings gab es darauf keine Hinweise. Das Ergebnis der pathologischen Untersuchung lautete also: Natürlicher Tod unter erheblichem Alkoholeinfluss.

Im Todesfall der Priscilla Perlinger war die Auswahl an Verursachern dagegen breit gestreut. Frau 007 stand vor der nostalgischen Schultafel, die sie in ihrem Büro an der Wand hängen hatte. Eine Tafel, wie sie früher in Klassenzimmern gang und gäbe war. Grün gestrichen, abgegriffener Holzrahmen, eine Ablage für die Kreiden und den Schwamm zum Löschen. Mia hatte das Teil auf einem Flohmarkt gefunden und ohne viel Gefeilsche mitgenommen. Es war ihr passend für ihre Arbeit erschienen. Statt Rechenaufgaben hatte sie Fälle zu lösen, aber es war die gleiche Aufregung. Schaffe ich es oder nicht? Bekomme ich eine Eins oder eine Sechs? Ganz oben auf der Tafel stand in der Mitte der Name Schneewittchen; geschrieben mit weißer Kreide, versteht sich. Darunter die potenziellen Täter in Blutrot, alle mit Fragezeichen versehen. Töchter? Ex-Patienten? Bestatter? Unbekannter? Priscilla selbst?

So eine Menge Verdächtige ist selten, so ein Fall allerdings auch. Die Sache erregte in der gesamten Republik Aufsehen, schließlich kommt nicht alle Tage eine Schönheitsärztin spektakulär ums Leben. Und dann noch eine ehemalige Märchenfigur. Ein Stoff, den die Gazetten lieben.

Die Tageszeitungen und Magazine übertrafen sich in der Kunst des Schlagzeilen-Dichtens. „In Schönheit gestorben!", „Das Gifthaus im Spessart", „Gevatter Tod bei Schneewittchen!", „Spieglein, Spieglein an der Wand, wer läuft als Killer durch das Land?"

Mia hätte am liebsten geantwortet: „Ihr Schreiber denkt, ihr seid die Klügsten hier, aber Mia, die Kommissarin, ist tausendmal klüger noch als ihr!"

Leicht gesagt, aber schwer zu beweisen. Frau Mia 007 und die Schultafel hatten noch einen Haufen Arbeit vor sich.

Jugendliche in der Bundesrepublik Deutschland, somit auch in Bayern, haben die voll coole Chance, sich zur „Bestattungsfachkraft" schulen zu lassen. Seit dem Jahr 2007 ist das nämlich ein anerkannter Ausbildungsberuf. Früher hieß es mal Totengräber, aber dieses Wort ist viel zu direkt und deshalb möglicherweise herabsetzend. Ein Bauer ist ja auch kein Bauer mehr, sondern ein Landwirt, und eine Lagerarbeiterin eine Fachkraft für Lagerlogistik.

Die angehende Bestattungsfachkraft im Beerdigungsinstitut „Pietät" hieß Vanessa und geleitete kaugummikauend die Kommissarin zum Chef. Der hieß Carlo Kreisler, war ziemlich irritiert von Mias Frisur, musste aber nach Prüfung des Polizeiausweises einsehen, dass diese schwarz gekleidete Erscheinung mit den roten Haarspitzen tatsächlich eine staatliche Ermittlungsfachkraft war.

Bestatter Kreisler war sichtlich angeschlagen. Bald musste seine Geliebte zu Grabe getragen werden, und das würde er keinem Kollegen überlassen, er musste es selbst übernehmen, das war er ihr schuldig.

Vor einem halben Jahr war er in die Villa eingezogen, in ein eigenes Zimmer.

„Ich konnte nicht in einem Raum übernachten, in dem Priscillas erster Mann gestorben war. Sie hat zwar die ganze Einrichtung erneuern lassen, auch das Doppelbett, ich konnte es trotzdem nicht."

Es klang überzeugend.

In der fraglichen Nacht war Kreisler gar nicht in Lohr gewesen, sondern auf Geschäftsreise. Er hatte mehrere Sarghersteller besucht und war erst am nächsten Vormittag zurückgekehrt und direkt in seinen Betrieb gefahren. Behauptete er.

Mia zog Bilanz. Die drei Töchter und der Herr Kreisler, aktuell vier Verdächtige. Außenstehende kamen nicht infrage, das Haus war zu gut gesichert.

Halt! Es gab bestimmt hilfreiche Geister, eine Putzfrau oder einen Gärtner.

„Die Putzfrau hat Zugang", bestätigte Carlo Kreisler, „es gibt keinen Schlüssel, sondern einen Zahlencode. Sie kommt dreimal in der Woche."

„Auch am fraglichen Tag?"

„Auch am fraglichen Tag."

Also vier Verdächtige plus X. Mia 007 würde alle abarbeiten. Wie Roger Moore. Im Angesicht des Todes.

Die Töchter waren schwer einzuschätzen, alle gerade dabei, erwachsen zu werden. Fast im Jahresrhythmus waren sie zur Welt gekommen: Romy 18 Jahre, Roxy 17, Nesthäkchen Rosi 15 Jahre.

„Papa hat darauf bestanden, dass unsere Vornamen mit den gleichen Buchstaben anfangen wie seiner." Romy war stolz darauf. Auf Mama waren sie keineswegs stolz, sie nannten sie ganz förmlich „Mutter", schienen von ihrem Tod betroffen, aber nicht sonderlich traurig. Die Überzeugung des Trios war unerschütterlich, Mutter habe den Papa mit ihrem Ehrgeiz überfordert, drei Kinder in vier Jahren, und er musste in der Zeit die Arbeit ganz allein stemmen.

„Wir wären genauso gute Geschwister, wenn wir vom Alter her etwas mehr auseinander lägen", kritisierte Roxy. „Die Klinik hätte auch eine

Nummer kleiner bleiben können, aber sie wollte immer das Größte, das Beste, das Meiste. Und hat Papa damit ruiniert."

„Bestimmt hat sie bei seinem Tod nachgeholfen." Rosi, die Jüngste, war sich ganz sicher. „Als Alkoholiker war er für große Pläne nicht mehr tauglich. Und dann hat sie sich den Friedhofsheini angelacht. Wir schneiden ihn, wo es geht, er wird Papa nie ersetzen, er ist ein Eindringling."

Die Feindseligkeit der Mädels war mit Händen zu greifen, Mia würde sie vorerst nicht von der Schultafel löschen. Das Alibi, sie hätten gemeinsam in Romys Zimmer Musik gehört und wären dann alle schlafen gegangen, konnte wahr sein, musste aber nicht. Vielleicht hatten sie es ja getan: Gemeinsam sind wir stark.

Die schwarze Kommissarin mit den roten Haarspitzen stand vor ihrer Schultafel und wandte sich der zweiten Abteilung von Verdächtigen zu, den Patienten. Es hatte eine einzige Klage gegen Schneewittchen gegeben wegen einer Nasen-OP, die im wahrsten Wortsinn schiefgegangen war. Der Höcker war zwar weg, aber die Nase tendierte anschließend leicht nach links. Man kann nämlich bei Nasen nie wissen, ob sie zufrieden oder sauer auf eine Operation reagieren, eventuell sogar neue Deformationen entwickeln. Deswegen sind die Ärzte angehalten, den Patienten vor dem Eingriff „umfassend und schonungslos" über die Operation und die Risiken aufzuklären. Das hatte Priscilla getan, die junge Frau hatte eingewilligt, damit lag das Risiko eines unerwünschten Ergebnisses bei ihr. Dumm gelaufen, diese Nase. Umso dümmer, weil die Patientin unbedingt modeln wollte und dafür den Eingriff in Kauf genommen hatte. Die Geschichte wurde noch komplizierter, da die Frau kürzlich bei einem Verkehrsunfall gestorben war. Ein unvorhergesehener Wintereinbruch im Oktober. Das Auto kam von der Straße ab und prallte gegen einen Baum. Fremdverschulden war ausgeschlossen. Ein tragisches Unglück. Hätte auch Selbstmord sein können, so die Ermittler der Verkehrspolizei.

Mia witterte eine Spur. Sie musste herausfinden, ob es einen Ehemann oder einen Freund gab. Wenn der von einem Selbstmord wegen der missratenen Nasen überzeugt war, hatte er vielleicht an der Operateurin Rache geübt.

Es stellte sich heraus, dass es tatsächlich einen Ehemann gab. Aber wie hätte er ins Haus kommen sollen? Wobei jeder Code zu knacken ist, wenn man es richtig anstellt. Ein Feldstecher reicht aus. Und viel Geduld, bis man jemanden beobachten kann, der die Geheimzahl eintippt.

Frau 007 nahm sich die Protokolle mit den Aussagen der Nachbarn vor. Viele gab es nicht, die Grundstücke waren von vornehmer Größe, deshalb hielt sich die Zahl der Anwohner in Grenzen. Glücklicherweise gibt es Hunde, die raus müssen, weswegen eine Beobachtung aktenkundig geworden war. Der Hund war ebenfalls von vornehmer Größe, eine Deutsche Dogge mit dem Namen Heino. Ohne Sonnenbrille. Heinos Frauchen, eine betagte Dame, hatte des Öfteren einen jungen Mann beobachtet, der sich vor der Schneewittchen-Villa herumgetrieben hatte. Die präzise Beschreibung lautete: „Ein junger Mann halt, mit Parka und Kapuze auf." Hilfreich ist etwas anderes.

Bei Propofol handelt es sich um ein Narkosemittel, das eine euphorisierende Wirkung hat und abhängig machen kann. Womit wir wieder bei Michael Jackson wären. Der hatte einen gut bezahlten Leibarzt und kam so problemlos an die Spritzen heran. Hierzulande ist es eine Winzigkeit schwieriger. Das Mittel ist rezeptpflichtig, aber mit einer Verschreibung in Apotheken erhältlich. Sogar online bestellbar. Mit einem hilfreichen Arzt demnach kein Problem. Oder man ist Krankenpfleger wie der Ehemann des Verkehrsopfers mit der schiefen Nase.

Die Abteilung „Patienten" blieb auf der Schiefertafel ebenfalls ungelöscht.

Dr. Fabian Möllemann saß zufrieden vor seiner urigen Berghütte in der Sonne. Ringsum glitzerte der Schnee und knirschte fast schon beim Draufschauen. Das kleine Paradies war von allen Segnungen der Moderne verschont geblieben, es gab keinen Fernseher, kein Internet, keinen Handyempfang. So bekam er auch nichts von dem mit, was die Medien über das Lohrer Spektakel in die Welt bliesen. Es hätte ihn mit Sicherheit interessiert. So aber saß er unbehelligt von der Aktualität im winterlichen Nirgendwo, in das er sich zurückgezogen hatte, nachdem er mitten in der Nacht die noble Vila in Lohr verlassen hatte.

Frau 007 telefonierte indessen mit ihrer Tochter, die eine wortreiche Schilderung von sich gab, was für ein voll cooles Teil Julia ihr zum Spielen überlassen hatte. Es handelte sich laut Merle um einen „Kassette-Spuler". In den musste man „eine rote Kassette hineinstecken und dann zurückspulen, dann auf die grüne Taste drücken und dann kommt eine Geschichte von Flitze Feuerzahn".

Frau 007 wusste nichts von Flitze Feuerzahn. Merle klärte die ahnungslose Mutter wortreich auf.

„Flitze ist ein grüner Drachen, der keine Eltern mehr hat, weil sie ihn nicht wollten, weil er nicht fliegen kann. Dafür hat er einen Raben, der heißt Raps, und sie erleben krasse Abenteuer."

Mia verdrückte eine Träne. Die Kleine kam immer wieder auf das Thema Eltern. Es war höchste Zeit, einen neuen Papa für das Kind zu finden.

Sie legte das Handy weg, suchte nach der Lunchbox mit dem Knäckebrot-Guacamole-Sandwich, da stieß sie plötzlich auf dieses Buch. Sie hatte es bei der ersten Besichtigung des Tatortes aus einem Impuls heraus mitgenommen: *Ehrlich schön – das ABC des guten Aussehens. Von Dr. Priscilla Perlinger und Dr. Fabian Möllemann.* Der knallrote Aufkleber „Bestseller" suggerierte hohe Auflagenzahlen oder sollte solche zumindest herbeiführen. Hatte das Werk eventuell mit Schneewittchens Tod zu tun? Eine kühne Hypothese, zugegeben, aber vielleicht ein Streit zwischen zwei Autoren, wem mehr Ruhm und Ehre gebührt? Oder mehr Tantiemen? Dieser Möllemann war schließlich kein Unbekannter in der Optimierer-Branche.

Die Kommissarin rief in der Münchener Klinik des Doktors an. Die Frauenstimme am Telefon war an keimfreier Blasiertheit nicht zu überbieten: „Privatpraxis Dr. Dr. Möllemann, Schönheit für alle, Sie sprechen mit Carlotta, was kann ich für Sie tun?"

Mia konnte nicht anders und schoss zurück: „Kriminalpolizeiinspektion Würzburg, Sicherheit für alle, Sie sprechen mit Mia, Sie können mich mit Ihrem Beauty-Boss verbinden."

Kurze Stille, dann bedeutend freundlicher: „Bedaure, der Chef macht eine Auszeit auf seiner Almhütte, kein Internet, kein Telefon. Er wird morgen zurück sein, dann meldet er sich bei ihnen. Ihre Nummer sehe ich auf dem Display."

„Danke, Carlotta", Mia konnte ebenfalls freundlich.

Sie ging an ihre Schultafel und erweiterte die Abteilung „Unbekannter" um den Namen Möllemann.

Anschließend löschte sie das Stichwort „Patienten". Denn die Spur mit der missratenen Nasenoperation hatte sich passend zum Winter im Spessart als eiskalt erwiesen. Der Ehemann der Unfalltoten war, wie schon gesagt, Krankenpfleger, hatte aber in der fraglichen Nacht Dienst gehabt. Jede

Menge Kollegen konnten das bestätigen. Den Herumtreiber vor der Villa „mit Parka und Kapuze" hatte es nie gegeben. Die auskunftsfreudige alte Dame mit der Deutschen Dogge hatte ihn schlicht erfunden. Sie hatte von dem Mord gewusst und erhoffte sich etwas Aufmerksamkeit. In ihrem Leben gab es eben niemanden mehr außer ihrem Heino, und der konnte nicht einmal singen.

Die sprechende Tafel kündete also aktuell von den drei Töchtern, von Schneewittchen selbst, einem Medizinerkollegen und dem Bestatter, der auch noch in der Lostrommel war.

Täflein, Täflein an der Wand,
wer nahm die Spritzen wohl in die Hand?

Schneewittchens Beisetzung war überraschend schlicht abgelaufen. Carlo Kreisler war sich ein einziges Mal mit den Töchtern einig gewesen. Er wollte seine Priscilla nicht medienwirksam, sondern gefühlvoll bestatten. Die Töchter wollten dasselbe. Schon weil Mutter es anders bestimmt hätte. Immer das Beste, immer das Größte, immer das Meiste.

Kreisler hatte sich im Hintergrund gehalten. Erst als alle weg waren, auch Romy, Ruby und Rosi, verharrte er still an der dunklen Grube, in welcher der strahlend weiße Sarg versenkt worden war. Der Schneewittchen-Sarg, aus dem es keine Auferstehung mehr geben würde.

Vor dem Friedhofseingang waren alle Autos verschwunden. Nur der edle schwarze Kombi des Bestatters, der Leichenwagen mit der silbernen Aufschrift *Pietät,* stand noch da. Kreisler stieg ein und griff zum Handy, das er im Wagen gelassen hatte. Ein Smartphone gehört nicht auf den Friedhof.

„Sie ist begraben", sagte er, und Mia lief es kalt über den Rücken.

„Mir ist noch etwas eingefallen. Am Tag, bevor sie starb, erwartete sie einen Gast. Ihren Kollegen Dr. Möllemann aus München. Mit ihm hatte sie ein Buch über natürliche Schönheit geschrieben. Einen Bestseller. Die beiden wollten erste Gedanken sammeln für einen Nachfolgeband. Keine Ahnung, ob der Doc auch wirklich gekommen ist, ich war ja auf meiner Geschäftsreise. Sie sollen das nur wissen."

„Danke, Herr Kreisler, und mein Beileid."

„Mögen Sie zu mir nach München kommen? Was ich zu sagen habe, geht besser von Angesicht zu Angesicht." Dr. Fabian Möllemann klang um Längen sympathischer als die aufgeblasene Carlotta an seinem Empfang.

„Meine Klinik liegt ganz zentral im Lehel. Früher das Viertel der Köhler, heute das Viertel der Leute mit Kohle. Gleich bei mir um die Ecke gibt es ein Wirtshaus, das heißt Liebighof. Immer im Advent ist es dekoriert wie ein Weihnachtsmarkt und leuchtet so märchenhaft wie der Sternenhimmel. Genau der richtige Ort, dass wir uns über Schneewittchen unterhalten. Einverstanden?"

„Gerne, aber ich zahle selbst. Nicht, dass Sie mich noch bestechen!"

„Das würde ich natürlich gerne, aber wenn Sie sich weigern, werde ich andere Wege finden."

Ein außergewöhnlicher Mann, dachte Mia.

Der Beauty-Boss hatte einen kleinen Tisch in der Ecke reserviert. „Alles rappelvoll in der Weihnachtszeit, aber ich bin hier Stammgast. Und falls Sie sich wundern, dass ich bei meinem Beruf hier Schnitzel und sonst was esse, dann sage ich Ihnen, Schönheit kommt auch von Zufriedenheit. Verbissene Selbstkasteiung macht Falten."

Mia fühlte sich ertappt wegen ihrer Knäckebrot-Sandwiches, sagte aber nichts. Die Falten hatten sie zum Glück noch nicht ereilt. Dafür würde sie heute richtig zuschlagen. Auf ärztlichen Rat.

Was Getränke anging, musste der Doc gar nichts bestellen. „Einmal Edelstoff wie immer", stellte die Kellnerin ungefragt fest, „und für Sie?"

Mia wuchs über sich hinaus, heute kein Wasser.

„Einen trockenen Weißwein bitte."

Sie war ja mit dem Zug da und war auch nicht wirklich im Dienst, sondern in einem Weihnachtsmarkt-Wirtshaus. Wo es ein Allgäuer Kartoffel-Reindl gab, was eine Eisenpfanne ist mit Röstkartoffeln, Speck, Hähnchenbrust und alles mit Gouda überbacken. Wenn nicht heut, wann dann?

Sie einigten sich, zuerst das Essen zu genießen. Vielleicht wäre Ihnen später nicht mehr danach zumute.

Dr. Fabian Möllemann nahm einen letzten Schluck vom Edelstoff, wischte sich das Schaumbärtchen von der Oberlippe und begann zu erzählen.

„Nachmittags hatten Priscilla und ich erste Skizzen für unser neues Buch entworfen. Am Abend haben wir dann Pizza kommen lassen und eine Flasche Rotwein aufgemacht. Sie verträgt nicht viel, deswegen hatte sie auch bald einen kleinen Schwips. Sie wurde aber damit nicht fröhlich, sondern sentimental. Melancholisch, schwermütig, niedergeschlagen, alles zusammen. Die strahlende Schönheitschirurgin ein Häufchen Elend. Sie erzählte wie traumverloren vom Niedergang ihrer Ehe, wie ihr

Mann zusehends verfiel, wie sie ihn schließlich tot aufgefunden hatte. Sie machte sich Vorwürfe, schuld daran zu sein. Weil sie ihn wohl überfordert hatte und weil sie dann auch noch fremdging mit diesem Bestatter. Sie erzählte, wie Gerüchte aufkamen, sie habe mit dem Tod ihres Mannes zu schaffen. Wie ihre Töchter sich die Verdächtigungen mit Freude zu eigen machten. Wie ihr von allen Seiten ein eisiger Wind aus Abneigung und Verachtung entgegenwehte. Dann noch die misslungene Nasen-OP und der Unfall der Frau. Priscilla wurde den Gedanken nicht mehr los, es sei Selbstmord gewesen. Und sie hatte ihn verursacht. Gut, das Gericht hatte sie freigesprochen, alle Vorschriften waren beachtet worden, objektiv konnte sie nichts dafür. Aber subjektiv. Tief drin im Gefühl saßen die Gewissensbisse, nagten an ihrer Seele und wollten nicht mehr weichen. Ihr Liebhaber, der Bestatter, war zwar ein netter Kerl und auch recht brauchbar im Bett, aber er war kein Tröster, keine feste Burg, kein Fels in der Brandung, die über sie hereinstürzte. Er war ein Notnagel, ein Lückenbüßer. Gebraucht hätte sie einen strahlenden Helden, der sie auf Händen aus dem Inferno trug. Einen Königssohn, wie das wahre Schneewittchen einen gefunden hatte."

„War dieser Carlo Kreisler in der fraglichen Nacht im Haus?", fragte Mia dazwischen.

„Nein, da waren nur Priscilla und die Mädchen."

Der Arzt schaute nachdenklich in sein Glas.

„Ich hätte es ahnen müssen, ich hätte besser auf Priscilla aufpassen sollen. So aber ist sie plötzlich aufgestanden, hat sich noch entschuldigt, weil sie mich mit ihrem Gemütszustand belästigt habe, und dann ist sie zur Türe hinaus. Nicht etwa in ihr Schlafzimmer, sondern den Gang hinunter Richtung Praxis. Auch das habe ich nicht weiter beachtet, aber ich hätte es tun sollen. Vielleicht wäre es mir gelungen, sie vor dem Suizid zu bewahren. Denn ich bin überzeugt, sie hat es selbst getan. Jemand anders hätte sie vielleicht mit *einer* Spritze überraschen können, aber nicht mit mehreren hintereinander. Sie hätte sich gewehrt, und man hätte Hämatome gefunden. Sie hätte geschrien, und ich hätte es gehört. Denn losgefahren bin ich erst eine halbe Stunde später."

Er sah Mia an.

„Stellen Sie ihre Ermittlungen ein, Sie werden keinen Täter finden."

Der Espresso kam und brachte nach der Geschichte vom Tod das Leben zurück. Schließlich bestellte die Kommissarin per Taxi-App einen Wagen.

Dr. Fabian Möllemann öffnete ihr die Wagentür. „Ich würde mich freuen, Sie wiederzusehen“, sagte er, „gute Fahrt!“

Merle hatte die Zähne geputzt und lag jetzt im Bett in ihrer Lieblingsbettwäsche mit den pinkfarbenen Herzchen.

„Schön, dass ich wieder daheim bin“, erklärte sie zufrieden, „bei Julia ist es immer nett, aber du bist meine Mama, und deswegen ist es bei dir noch netter.“

„Da bin ich aber froh.“

„Hast du denn das Schneewittchen gerettet, Frau 007?“

„Nein, das habe ich nicht, denn es wollte gar nicht gerettet werden, es wollte nicht mehr aufwachen. Jetzt ist es im Himmel, und meine Arbeit ist zu Ende.“

Merles Interview indes war noch nicht zu Ende.

„Hat das richtige Schneewittchen eigentlich einen Papa gehabt oder nur die böse Königin-Mama?“, fragte die Kleine.

„Ja, natürlich, aber der Papa war der König, der musste die ganze Zeit regieren, deshalb wird im Märchen nichts von ihm erzählt.“

Mia ahnte, was kommen würde.

„Kriege ich auch mal einen Papa?“

„Ganz bestimmt. Irgendwann werden wir ihn irgendwo treffen. Vielleicht in München in einem Restaurant, das im Winter aussieht wie ein Weihnachtsmarkt und leuchtet wie ein märchenhafter Sternenhimmel. Da kannst du Schokoladen-Pfannkuchen mit Sahne essen, und bald darauf wird es eine große Märchenhochzeit geben. Du wirst Blumen streuen, und dein neuer Papa wird ein ganz toller Kerl sein.“

„Der Herr 007, das wird schön!“

„Ich freue mich auch schon drauf“, sagte Mia und gab ihrer Tochter einen Kuss auf die Kinderlocken.

Merle lächelte zufrieden und schlief ein.

Kaltblütig

Ein Sonnenaufgang im Winterweiß der Zugspitze kann ein unvergessliches Erlebnis sein. Erst recht, wenn er von einem durchdringenden Schrei begleitet wird.

Der Schrei hallte über die glitzernde Schneedecke vor der Kapelle „Mariä Heimsuchung" und schoss wie eine Botschaft des Bösen über das Kirchlein in den goldschimmernden Morgenhimmel.

Das holländische Touristenpärchen war extra früh aufgestanden, um den Sonnenaufgang zu bewundern, der die unzähligen Berggipfel des Wetterstein-Massivs in ein göttliches Licht tauchte. In diesem Licht sah die Frau den Toten. Mit einem Kletterseil am Gittertor der Kapelle festgebunden, das Gesicht eisig weiß. Am dunklen Haar und am Bart klammerten sich Schneekristalle fest. Wie ein winterlicher Jesus am Kreuz hing der Leichnam da, die Arme ausgebreitet, den Kopf gesenkt. Nur hatte Jesus keinen Knebel im Mund gehabt.

Gernstl starrte frustriert in seinen Frühstückskaffee. Immer bekam er die Fälle, die sich in steiler Höh' ereigneten. Die Wasserleiche letzte Woche im Eibsee bei Garmisch ganz unten im Tal hatte Eberhartinger gekriegt. Er aber musste heute himmelwärts, weil er Wochenend-Bereitschaft hatte. Himmelwärts mit Höhenangst, ein saudummes Gefühl! Bibi, seine Liebste, zerfloss vor Mitleid und stopfte ihm einen Haufen Schokoriegel in den Rucksack. Medizinisch nicht zu begründen, aber immerhin ein leckeres Placebo.

Zum Glück gibt es die Zahnradbahn, die seit fast hundert Jahren auf Schienen den Berg hochfährt, deshalb brauchte er nicht in eine der nagelneuen Seilbahngondeln zu steigen, die bis zum Boden verglast sind und damit grauenvolle Aussichten bieten.

Also zog Gernstl todesmutig los, hinauf in schwindelnde Höhen im Dienste der Gerechtigkeit und des Freistaates Bayern.

Die Zugspitze heißt so, weil es auf ihr Züge gibt. Damit ist aber nicht die Eisenbahn gemeint, sondern es geht um die Zugbahnen, in denen die Lawinen abwärtsdonnern.

Außerdem haust auf Deutschlands höchstem Berg der Zuggeist. Das ist ein ganz und gar grauslicher Vogel, halb Geier, halb Adler, der die Goldschätze im Inneren des Massivs bewacht. Goldräuber kommen an die Beute nur heran, wenn sie dem sagenhaften Viech das wundersame Springkraut klauen, das in seinem Nest versteckt ist. Als Sesam-öffne-dich. Wer damit an die Felsen klopft, dem tut sich der Berg auf. Tat er aber bislang nicht, schon seit Urzeiten nicht. Weil nämlich der Zuggeist das Diebsgesindel abpasst und dann den Berg hinunterrauschen lässt wie eine Lawine. Keinesfalls bindet er einen Langfinger am Gitter der Marienkapelle fest, also fällt der Vogel als Täter aus.

Die KTU hatte die Seilbahn genommen, war deshalb schon früher am Tatort als Kommissar Gernstl. Erste Diagnose: Tod durch Erfrieren, Todeszeitpunkt wegen der Außentemperatur von minus zehn Grad nicht exakt ermittelbar. Logischerweise in der Nacht, denn am Abend zuvor hatte noch kein Leichnam am Kirchengitter gehangen. Die Alkoholfahne wehte in der Kälte deutlich vor sich hin, also war er sternhagelbreit gewesen. Weitere Befunde nach der Talfahrt.

Gottfried Wiedel hatte, als er noch nicht erfroren an einem Gitter hing, als weltweit erfolgreicher Kletterer Karriere gemacht. Wiedel-Friedel wurde er genannt. Wenn man so will, war er ein deutscher Reinhold Messner. Nur dessen Charisma ging ihm ab. Sein Ableben war auch nicht gerade im Sinne des Südtiroler Gipfelstürmers. Der hat nämlich nicht vor, auf der Zugspitze langsam zu vereisen.

„Wenn es allein nach mir ginge und gesetzlich erlaubt wäre, würde ich die Himmelsbestattung mit Geiern vorziehen", hatte Messner in einem Zeitungsinterview gesagt. „Bei dieser Zeremonie wird der Leichnam aufgeschlitzt, dann stürzen riesige Geier von den Bergen herunter und bedienen sich. Ich finde dieses Himmelsbegräbnis sehr eindrucksvoll."

Weiß der Geier, ob das erstrebenswert ist.

Zurück zu Wiedel. Er war verheiratet gewesen, wobei die Ehe wohl kurz vor dem Absturz gestanden hatte. Seine Gattin Gaby saß geknickt im kältesten Verhörzimmer aller Zeiten. Im Restaurant vom *Iglu-Dorf Zugspitze*. Bei diesem Dorf handelt es sich um einen Hotel-Komplex aus Schnee, der nur hundert Tage im Winter existiert, dann plattgemacht wird und im nächsten Winter aus neuem Schnee wieder aufersteht.

„Wir wollten es noch einmal miteinander versuchen", schluchzte die eisige Witwe, „deswegen haben wir hier einen Kurzurlaub gebucht."

Kommissar Gernstl ahnte Übles, denn Urlaube sind kein Heilmittel für eine kränkelnde Beziehung, sondern bringen meist zu viele Nebenwirkungen mit sich. Egal ob in der goldenen Sonne von Malle oder im schneeweißen Schnee der Alpen. Fragen Sie Ihren Arzt, Ihre Ärztin oder in der Paartherapie.

„Wir haben gedacht, wir könnten uns wiederfinden, aber es ist gründlich schiefgegangen. Aus Verzweiflung haben wir uns betrunken. Stilecht mit einer Flasche Enzian. Der hat uns zwar nicht seelisch gewärmt, aber immerhin körperlich. In den Schnee-Zimmern herrschen beachtliche Minusgrade. Irgendwann habe ich mich auf den Eisblock gelegt, der als Bett dient, und mich in den fellgepolsterten Schlafsack gekuschelt. Ich bin mit benebeltem Kopf eingeschlafen und habe keine Ahnung, was weiter passiert ist."

Der Kellner brachte den gewünschten extrastarken Kaffee und ein Glas Wasser, in dem zwei Alka-Seltzer-Tabletten schäumten.

Gernstl war trotz der Erinnerungslücke von Gaby Wiedel zufrieden. Bei jedem Mordfall gibt es Abgründe. In den ersten hatte er gerade hineinsehen können, ganz ohne Höhenangst. Schwindelgefühle hatte er dennoch. Vielleicht hatte ihm die Witwe ja etwas vorgeflunkert. Damit wäre sie nicht die Erste in der Kriminalhistorie.

Wer vom kanadischen Vancouver schnurstracks gen Norden fährt, kommt nach Whistler. Auf der Fahrt erblickt man zur Rechten einen beeindruckenden Berg. Nicht gerade eine Zugspitze, weil 800 Meter niedriger, trotzdem imposant. Seinen Namen hat der Berg von den dort ansässigen Murmeltieren und ihrem charakteristischen Pfeifen. Weil die putzigen Nager das auf Englisch machen, heißt der steile Fels eben nicht Pfeifenberg, sondern Whistler Mountain.

Helen stand vor dem Grab von Ronny Scott Walker. Sie hatte ihn auch nach zwei Jahren noch genau vor Augen, obwohl es heißt, dass Erinnerungen an die Toten mit der Zeit verblassen. Sie sah seine sehnige Gestalt, seine wachen stahlblauen Augen, die wallende blonde Haarpracht. Und dann sah sie seinen Sarg, wie er damals im Erdreich verschwand. Den Sarg eines Mannes, der immer zu den Gipfeln gestrebt hatte. Aber vielleicht begann der allerletzte Aufstieg ja mit einem unterirdischen Weg.

Helen Walker war immer noch aufgewühlt von dem Anruf, den sie vorhin erhalten hatte. Was ihr da zu Ohren gekommen war, bestätigte den Verdacht, der seit dem Tod ihres Mannes wie ein wolkenschweres Unwetter auf ihrer Seele lag. Sie schickte einen zarten Kuss zum Grabstein, machte kehrt und ging davon, um das Notwendige vorzubereiten.

Roger Gernstl war wohlbehalten vom Fast-Dreitausender zurück in seinem Haus in Garmisch, dessen Vorderfront mit einer farbenfrohen Lüftlmalerei verziert war. Die Leute aus dem Werdenfelser Land haben die Technik der Fassadenmalerei von den Italienern abgekupfert nach dem Motto: „Wos di kenna, des kenna mir fei scho lang."

An Gernstl Haus prangte der heilige Florian. Er war ein Österreicher in Diensten der Römer gewesen, hatte sich aber geweigert, dem christlichen Glauben abzuschwören. Dafür wurde er vom römischen Statthalter Aquilinus zum Tode verurteilt. Er sollte bei lebendigem Leib verbrannt werden.

„Nix da", meinte Florian, „wenn ihr mich verbrennt, werde ich auf den Flammen zum Himmel emporsteigen. Das habt ihr dann davon."

Also hat ihn die Soldateska sicherheitshalber mit einem Stein um den Hals in den Fluss Enns gestoßen. Weil der Stein zu viel wog, war es Florian nicht möglich, aus dem Wasser bis in den Himmel aufzusteigen, aber auf unzählige Hausfassaden hat er es geschafft. Dort beschützt er heute noch die Gebäude vor Feuer und Flammen. Wie sagt die Stimme des Volkes? „Heiliger St. Florian, verschon' mein Haus, zünd' andre an!"

Bibi Gernstl hatte ein wohliges Feuer im Kamin entfacht und kam gerade mit köstlich duftenden Speckbroten aus der Küche. Ihr Mann aber hatte den Tag über alle Schokoriegel vertilgt und war pappsatt bis obenhin. Ein Bierchen ging natürlich noch rein.

Er erzählte von dem Fall und von der Möglichkeit, dass Gaby Wiedel ihm die Hucke vollgelogen hatte.

„Du weißt, ich traue Frauen alles zu", schmunzelte Bibi, „schließlich bin ich selbst eine. Aber wie soll sie einen sportlichen Kerl gebändigt haben, auch wenn er betrunken war? Wie soll sie ihn ruhiggestellt und festgebunden haben? Für mich steckt da eher ein Mann dahinter. Vielleicht einer, mit dem die Frau Wiedel liiert war."

Gernstl nahm den letzten Schluck von seinem Garmischer Bio-Bier.

„Haben wir überprüft, alle Hotelgäste waren Pärchen und Familien. Nicht ein einziger Single."

„Apropos Single", beschwerte sich Bibi, „ich war den ganzen Tag allein und einsam, und im Schlafzimmer ist es kuschelig warm."

Sie überließen das Kaminfeuer dem heiligen Florian und gingen mit äußerst unheiligen Gedanken die Treppe hoch.

Wer war wieder als Erste da gewesen? Natürlich die Honigfee. So genannt wegen ihrer goldschimmernden Haarfarbe, die laut *Elle* mit einem mühelosen und modernen Look überzeugt. Das Modemagazin weiß außerdem von einem leicht matten und cremigen Charakter zu berichten.

Roger Gernstls Haar-Charakter war total uncremig, um nicht zu sagen stoppelig, aber das hatte keinen Einfluss auf die Ermittlungen. Der Anruf, den die Honigfee entgegennahm, dagegen schon.

„Der Bruder des Opfers will uns sprechen. Sie schicken ihn hoch."

Werner Wiedel glich seinem Bruder aufs Haar. Er bekam einen doppelten Espresso kredenzt und revanchierte sich mit einem lupenreinen Verdacht.

„Friedel ist drei Jahre, nein, er war drei Jahre jünger als ich und bei Weitem der bessere Kletterer. Ich bin aufs Bouldern spezialisiert. Sie kennen bestimmt die Hallen mit den künstlichen Felsen und den bunten Griffen, wo man ohne Seil und Sicherung hochgeht bis auf vier Meter. Aus dieser Höhe kann man noch abspringen, ohne sich sämtliche Knochen zu brechen. Klettern light gewissermaßen. Im Berg ist das alles hundertmal gefährlicher. Friedel wäre auch schon einmal fast abgerauscht. Am Whistler Mountain in Kanada. Aber es hat seinen Kumpel erwischt, Roger Scott Walker, mit dem er viele Touren unternommen hatte. Die beiden verfassten auch Bücher, sie waren ein erfolgreiches Team. Bis zu dem Tag, als sich ein Schneerutsch löste, Roger am Kopf traf und ihn mitriss. Fünfzig Meter tiefer schlug er an einem Felsvorsprung auf. Mein Bruder hat sich sofort abgeseilt, kam aber an den Vorsprung nicht heran. Er hat zum Handy gegriffen, vor lauter Nervosität ist es ihm aus den Fingern geglitten. Er hat nicht mehr helfen können. Rogers Ehefrau Helen war monatelang in Therapie und entwickelte einen abgrundtiefen Hass auf Friedel. Sie beschuldigte ihn, er habe ihren Mann absichtlich sterben lassen, um in Zukunft den Ruhm allein einheimsen zu können. Niemand konnte ihr diesen abstrusen Gedanken ausreden. Ich kann mir durchaus vorstellen, dass sie es war. Ein Rachemord."

Als Mr. Boulder wieder durch die Tür war, hackte die Honigfee heftig auf ihren Computer ein. Gernstl lehnte sich zurück und verkündete dem Wackelweihnachtsmann auf dem Schreibtisch seine Überlegungen zum Rachemord der Ehegattin.

„Gute Geschichte, aber unwahrscheinlich. Kein einziger Single-Gast im ganzen Iglu-Dorf, die Gastronomiebetriebe machen um 16 Uhr zu, sobald die letzte Bahn weg ist. Wo soll die Frau sich aufgehalten haben bis zur Nacht?"

Die Honigfee konnte recherchieren und mitreden zugleich.

„Eine einzelne Frau, die einen kräftigen Kletterer bändigt. Glaub ich nicht."

„Hat Bibi auch gemeint", seufzte Gernstl, „dieser Fall ist der Gipfel."

„Die Absturzgeschichte in Whistler ist Tatsache", verkündete die Honigfee, „sie steht hier ausführlich in einer älteren Ausgabe der Zeitschrift *Climber Magazine*. Hilft uns aber einen Dreck." Manchmal war ihre Ausdrucksweise gar nicht cremig.

Rossmann von der Kriminaltechnik schob sich ins Zimmer.

„Was kriege ich, wenn ich einen entscheidenden Hinweis bringe?"

„Nichts, der Staat muss sparen."

„Deshalb bringe ich auch keinen Hinweis."

Rossmann war der Scherzbold des Hauses.

„Es gibt ein paar Erkenntnisse, aber die führen nirgendwohin. Der Ermordete hatte schwer geladen, wurde zuerst bewusstlos geschlagen und dann am Kirchengitter festgebunden. Mit einem handelsüblichen Kletterseil. Die Kopfwunde hat geblutet, aber er hatte eine dicke wasserdichte Mütze auf, also keine Blutspritzer, auch nicht beim Täter. Als Knebel ein Paar ineinander gewurstelte Herrensocken von der Resterampe mit geschmackvollem Weihnachtsmann-Muster, Größe 43–47. Ende, aus, Nikolaus!"

Der Scherzbold des Hauses marschierte ab.

Zurück blieben die Honigfee und Igelfrisuren-Gernstl, die einen Mord auf Deutschlands höchstem Berg aufklären sollten, aber leider 3.000 Meter tiefer im Tal der Ahnungslosen saßen. Zugegeben, die Lösung des Falles war nicht einfach. Und weil die zwei Kriminaler dieses Buch wohl nie lesen werden, wird ihnen die Lösung des Rätsels für immer verborgen bleiben.

Die Maschine der Lufthansa nach Vancouver wurde aufgerufen. Helen Walker hatte die erste Zahnradbahn vom Berg nach unten genommen, hatte das kompakte Biwak-Zelt und die Iso-Matte am Bahnhof Garmisch entsorgt und war dann mit dem Regionalexpress nach München gefahren. Vor Freude hätte sie den gesamten Zug zusammenschreien können. Es war gelungen, kaltblütig gelungen! Das Scheusal war zur Hölle gefahren! Niemand hatte von ihrer Anwesenheit Notiz genommen, niemand hatte etwas bemerkt. Niemand würde jemals auf sie kommen. In wenigen Minuten würde sie in das Flugzeug steigen und gleich doppelt über den Wolken schweben!

Gernstl hätte aus Frust einen ganzen Karton Schokoriegel auffuttern können, aber Bibi hatte ihn heute nicht bedacht. Er verließ vom Misserfolg geknickt das Kommissariat, rutschte auf einem vereisten Kanaldeckel aus und hörte ganz deutlich das Knacksen. Somit kam er statt nach Hause in die Notfall-Ambulanz und erst Stunden später mit eingegipstem Arm und einem Taxi in die heimatlichen Gefilde zurück. Roger Gernstl sah empor zu seinem Florian und fragte sich, ob er nicht doch den heiligen Bertin aus Konstanz hätte wählen sollen, den Schutzpatron gegen Knochenbrüche.

Gaby Wiedel und Helen Walker fuhren von Vancouver nach Norden. Sie erblickten zur Rechten den Whistler Mountain, der seinen Namen vom Pfeifen der Murmeltiere hat. Der Schnee schimmerte seidenweiß, die Sonne strahlte, und das war ganz in beider Sinne.

Schließlich standen sie vor dem Grab von Ronny. Helen hatte ihn nach den Geschehnissen der letzten Tage noch deutlicher vor Augen denn je, obwohl es heißt, dass Erinnerungen an die Toten mit der Zeit verblassen. Sie sah seine sehnige Gestalt, seine wachen stahlblauen Augen, die wallende blonde Haarpracht. Und dann sah sie seinen Sarg, wie er damals im Erdreich verschwand. Den Sarg eines Mannes, der immer zu den Gipfeln gestrebt hatte. „Berge sind die Wege zum Himmel“, war sein Motto gewesen. Aber auch auf den Wegen zum Himmel gibt es treulose falsche Freunde.

Helen Walker dachte an den Anruf, durch den die Rache erst möglich geworden war.

Sie hatte kein einziges der Worte vergessen.

„Wir kennen uns nicht, aber unsere Männer haben sich gekannt. Ich bin Gaby Wiedel, die Frau von Gottfried. Den Sie beschuldigen, dass er Ihren Mann hat sterben lassen. Und sie haben recht, ich habe es selbst gehört. Gottfried spricht seit einiger Zeit im Schlaf und hat mir dabei alles verraten. Dass er eifersüchtig war auf Ronny. Weil der besser aussah, der bessere Kletterer von zwei guten war und immer als Erster genannt wurde. Walker und Wiedel, nicht Wiedel und Walker, so stand es im *Climber Magazine*, wie Sie ja wissen. Kurzum, Ihr Ronny war einfach zu gut. Wenn es ihn nicht mehr gäbe, würde mein Mann plötzlich der strahlende Held sein. Bei der leidigen Klettertour am Whistler Mountain hat sich dann die einmalige Chance geboten, als Ronny von dem Schneerutsch getroffen wurde und abgestürzt ist. Friedel hat sich abgeseilt, der Felsvorsprung war aber tatsächlich nicht erreichbar. Ronny stöhnte, flehte, betete. Friedel hätte die Bergrettung rufen können, nur tat er es nicht. Er hat einen Entschluss gefasst und das Handy einfach fallen lassen. Es ist in irgendeiner Spalte für immer verschwunden. Ronny hat seinen Freund verflucht, so laut er noch konnte, und ist unter höllischen Schmerzen gestorben. Mein Mann ist zurück ins Tal und hat den verzweifelten Bergkameraden gespielt.

Unsere Ehe ist in letzter Zeit immer unerfreulicher geworden, und jetzt schlafe ich auch noch neben einem Mörder! Wenn Sie es zu Ende bringen möchten, zählen Sie auf mich, ich mache alles mit."

Helen stellte den kleinen Weihnachtsbaum, den sie mitgebracht hatten, auf das Grab.

„Wir haben alles gemeinsam ausgetüftelt", erzählte sie dazu ihrem Ronny. „Dass Gaby einen angeblichen Versuch unternimmt, die Ehe noch zu retten. Dass sie schließlich die Flasche Enzian hervorholt und ihn betrunken macht. Sie selbst hat nur das erste Glas ausgetrunken und später den Rest in die Toilette gekippt. Die Luxus-Iglus haben eine eigene Nasszelle. Als Friedel hinüber war, hat sie mir mit einem Feuerzeug ein Zeichen gegeben. Ich bin von meinem Biwak-Zelt hinübermarschiert, wir haben ihn geknebelt, ihm die Mütze aufgesetzt und ihn zur Marienkapelle gezerrt. Das war mühsam, jedoch Hass und Verachtung entwickeln unglaubliche Kräfte. Niedergeschlagen habe *ich* ihn, Ehrensache. Mit einem Stein. Das Festbinden war der Höhepunkt. Tat vollbracht, Rache ist süß! Der Schnee ist in dicken Flocken gefallen und hat alle Spuren zugedeckt. Frohe Weihnachten, Ronny!"

Roger Gernstl hatte sich damit abgefunden, dass der Fall ungelöst bleiben würde. Er dachte ohnehin nur noch an einen ganz anderen Fall, an einen Glücksfall.

Die Hochzeit fand zwei Tage vor Heiligabend in der barocken Pfarrkirche St. Martin statt. Der Altarraum war geschmückt mit silbrig glitzernden Tannen, die Braut geschmückt mit einem zarten Schleier samt Perlenbesatz, Roger geschmückt mit einer Schleife, die seinen gebrochenen Arm hielt. So war es nicht ganz einfach, aber er schaffte es dennoch, seiner Bibi den Ehering überzustreifen. Der Priester hatte lächelnd zugesehen, und bevor die beiden sich küssten, gab er noch einen Ratschlag des Literaten Paulo Coelho weiter: „Das Leben ist kurz. Küssen Sie sich langsam, lachen Sie lauthals, lieben Sie abgrundtief und verzeihen Sie schnell!“

Roger und Bibi nahmen sich das ganz fest vor.

Der Teufel vom Bayerwald

Markus Söder wird es nicht gerne hören, aber die Hölle liegt in Bayern. Zum Glück ist sie wenigstens ein vorzeigenswertes Naturschutzgebiet, zu finden im Bayerischen Wald, der sich nördlich der Donau bis Tschechien ausbreitet. Und der nicht ausschließlich ein Wald ist, weil er auch Wiesen, Felder, Städte und Dörfer beherbergt.

In einem dieser Dörfer, nennen wir es mal *Waldstätten ob der Hölle*, ereignet sich jedes Jahr Schauerliches. Das mag an der Nähe zur Unterwelt liegen, die sich dort regelmäßig auftut. Immer vom Thomastag an, dem kürzesten und damit dunkelsten Tag des Jahres, bis Dreikönig.

Aus dem satanischen Reich drängt in dieser Zeit das Böse an die Erdoberfläche und hüllt sich in die Nebelschwaden der Raunächte, um das Schicksal aller Wesen zu manipulieren, um Unheil über Mensch und Tier zu bringen. Not, Hunger, Krankheit, Tod, zerstörerische Naturgewalten. So machen sich Schrecken und Angst vor der Zukunft breit und Misstrauen vor dem neuen Jahr, das bald beginnt.

Die Waldler, wie sich die Bewohner des Bayerwaldes nennen, wehren sich tapfer und lautstark gegen diese höllische Invasion und senden ihrerseits furchterregende Gestalten aus, um die Geister zu bannen. Diese Perchten tragen schauerliche Masken, sie tanzen stampfend um ein Feuer, die blutige Luzia schwingt drohend ihre todbringende Sichel, andere scheppern mit Kuhglocken, schnalzen mit Peitschen, trommeln und lärmen auf vielfältige und ohrenbetäubende Weise, damit es den Unterweltlern gescheit auf den Zeiger geht. Zu guter Letzt wird das Böse in Gestalt einer Strohpuppe an einem Galgen aufgehängt und angezündet. Flammen züngeln in den Nachthimmel, und die Funken stieben durch die Finsternis wie winzige Sterne, die den Menschen Gewissheit geben, alles Übel besiegen zu können. Ein besseres Gefühl kann es zur Weihnachtszeit gar nicht geben.

Die blutige Luzia ist eine Sagengestalt, bei der man nicht genau weiß, was sie will. Einmal ist sie darauf aus, unartige Kinder zu ertappen und in einen

Fluss zu werfen, ein andermal trägt sie aus nicht näher genannten Gründen ein Menschenhaupt auf einem Teller durch die Gegend. Als Outfit bevorzugt sie einen blutbefleckten Umhang und einen hexenmäßig spitzen Hut. So eignet sie sich auch vom Style her bestens zur Schreckensgestalt. Nur ist es im bayerischen Brauchtum nicht vorgesehen, sie im Rahmen eines Gruselevents einfach umzubringen. Geschehen ist es aber dennoch. An einem tief verschneiten Vorweihnachtsabend in Waldstätten ob der Hölle.

„Der Gruber Hans – unsere Zukunft" verkündeten die Plakate. Denn die Gemeinderatswahl stand an. Der Gruber Hans betrieb eine Schnapsbrennerei in Waldstätten, was eine Ehrensache ist, denn der Bayerische Wald ist eine hochprozentige Region. Aus den Brennkesseln rinnt geistiges Gut ohne Ende, zum Beispiel der Bärwurz. Der wird aus den Wurzeln der Kräuter- und Heilpflanze *Meum athamanticum* destilliert, die im Bayerwald heimisch ist. Ergebnis: satte 38 Prozent Alkoholgehalt und damit die pure Medizin, wie die Waldler steif und fest behaupten. Noch medizinischer dürfte damit der Blutwurz-Likör sein, denn der kommt auf 60 Prozent. Die Spezialitäten werden traditionell in Steingutflaschen abgefüllt und bilden auch in der familiären Traditionswurzerei Gruber die Highlights der Produktpalette.

60 Prozent, die wollte der Hans natürlich auch als Bürgermeisterkandidat erreichen. Was sich nun als illusorisches Ziel herausstellte, denn der Hans war nicht mehr wählbar. Weil er als blutige Luzia beim Perchtentreiben verstorben war. An einem Harpunenschuss in den Rücken. Bei diesen höllischen Masken weiß man eben nie, wer drinsteckt, ob Männlein oder Weiblein. Der Täter hat es offenbar gewusst.

Mit einer Harpune! Das macht man nicht, im Bayerischen Wald schon gar nicht. Da ist das stillos. In der Karibik mag es angehen oder im finsteren Island, wo sie auch eine Hölle haben, aus der ständig Dämonen ausbrechen, die sich als Vulkane tarnen.

Knöferl musste sich erst einmal an eine Mordmethode gewöhnen, die ihm noch nie untergekommen war. Der Herr Knöferl aus dem zuständigen Regensburg, der das Hinscheiden der Frau Luzia kriminalistisch einordnen sollte. In der Unordnung eines Raunacht-Spektakels.

Der Witz bei der Geschichte war, dass Knöferl selbst einer Pass angehörte, wie Perchtentruppen in einschlägigen Kreisen genannt werden. Nur half ihm das jetzt nicht die Bohne. Er musste keine Maske aufsetzen, sondern anderen Leuten die Maske vom Gesicht reißen, sie buchstäblich entlarven. Und er machte sich daran, auf Teufel komm raus.

Als Erstes fiel ihm der Plakatkrieg auf, der rund um die Bürgermeisterwahl tobte. Der Gruber Hans hatte nämlich versucht, den amtierenden Ortsvorsteher vom Thron zu stoßen. Ein schwieriges Unterfangen, denn der Kettenmüller Schorsch gehörte erstens der richtigen Partei an, hatte zweitens seit 15 Jahren das Bürgermeisteramt inne und genoss drittens den Beistand Gottes, denn er war Inhaber einer Krippenschnitzerei. Dagegen stehst du als Schnapsbrenner auf verlorenem Posten, auch wenn das Hochprozentige in Waldstätten zu den Grundnahrungsmitteln zählt. „Wählt keine Schnapsidee!", ätzte der Kettenmüller also gegen den Gruber, was als politische Aussage zumindest fragwürdig ist. Knöferl notierte dies als ersten Verdacht in seinem Notizblock: „Motiv Konkurrenzkampf?"

Für alle, die es vergessen oder nie gekannt haben, ein Notizblock ist die papierene Memofunktion eines Smartphones, wo man mit Bleistift oder Ähnlichem etwas schreiben kann. Also völlig oldschool, dafür saubillig. Es ist dafür auch nicht nötig, den Bleistift ständig anzuknabbern, das war dem Kommissar aber egal, er tat es trotzdem, es gehörte zum Ermittlungsritual.

„Bist du die Polizei?", fragte der Bub mit der FC-Bayern-Bommelmütze.

„Ja, ich bin die Polizei. Und wer seid ihr?"

„Ich bin der Jackl, und das ist mein bester Freund, der Benni." Jackl, ein bayerischer Jakob also, zeigte auf seinen Begleiter, der einen Thomas-Müller-Schal um den Hals geschlungen hatte.

„Hast du eine Pistole?" Jetzt war Benni dran.

„Ich habe eine, aber die ist in Regensburg in meinem Büro. Hier brauche ich sie nicht."

„Vielleicht brauchst du sie doch, wenn du den Teufel verhaftest, der hat nämlich die blutige Luzia abgeschossen."

Knöferl fand die Unterhaltung zunehmend interessant.

„Wie kommt ihr denn darauf, dass es der Teufel war?"

„Weil wir ihn gesehen haben, wie wir hinter dem Lieferwagen pinkeln waren."

„Jetzt hast du uns verraten, du Depp!", beschwerte sich der Jackl bei Benni.

„Wildpieseln, das darf man eigentlich nicht, aber ich lass es mal durchgehen, wenn ihr mir alles genau erzählt. Ihr scheint ja richtige Detektive zu sein."

Eine Anerkennung von einem echten Kommissar, die Jungs wuchsen innerlich auf mindestens doppelte Größe.

„Der Teufel war ganz schwarz angezogen und stand neben dem Transporter. Er hat mit diesem komischen Ding gezielt, da war eine Schnur dran, und die Luzia ist umgefallen. Dann sind wir abgehauen."

Jackl ergänzte: „Wir haben bloß nichts gesagt, damit wir nicht ins Gefängnis kommen wegen dem Pieseln."

„Müssen wir jetzt ein Protokoll unterschreiben wie im Fernsehen?" Benni war offensichtlich total scharf darauf.

„Natürlich", flunkerte Kommissar Knöferl, „am besten kommt ihr heute Nachmittag zum Simmerlwirt, wo ich wohne. Dann erledigen wir das."

Die Jungs waren hin und weg. Ein Protokoll bei der Kripo, das war ja noch geiler als ein 5:0-Sieg des FC Bayern!

Für die Mütze und den Schal hatten sie übrigens ihr Taschengeld zusammengeschmissen, und sie teilten die Fan-Klamotten brüderlich. Denn ein komplettes Set für jeden war im Budget nicht drin gewesen.

Knöferl notierte auf seinem Notizblock „Teufelskostüm" und biss aufgeregt in seinen Bleistift. Die Buben hatten nämlich erklärt, den schießwütigen Teufel noch nie gesehen zu haben. Und sie kannten alle Perchten von Waldstätten ob der Hölle.

„Des könna mir fei schwören, Herr Kommissar!"

Hieß also, es handelte sich um eine auswärtige Percht oder um eine Maske, die anderswo herkam und in der ein Einheimischer gesteckt hatte. Wobei die zweite Möglichkeit wohl eher in Betracht kam.

Im Wesentlichen entsprach die Schilderung der Bayern-Fans den Erkenntnissen der Tekkies von der KTU. An einem Harpunenspeer ist immer eine Leine angebracht, damit der erlegte Fisch nicht auf Nimmerwiedersehen versinkt, sondern eingeholt werden kann. Diese Leine führte von der toten Luzia genau zum Lieferwagen. Dort war sie abgeschnitten worden.

Die Mission war fast erfüllt. Ein zweiter Speer hatte sich noch in der Mordnacht in die massive Tür der Kirche gebohrt. Und ein dritter hatte die Haustür vom Koppler Kurt durchschlagen. Eine Fertigtüre aus dem Baumarkt, simple Kiefer, also kein Bollwerk, sondern bessere Pappe. Jetzt noch die Waffe platzieren, das Teufelskostüm im Kamin verbrennen, Ruhe bewahren und hoffen, dass die Polizei nicht auf die Idee kommen würde, die einschlägigen Internetshops nach Käufern von Harpunen zu befragen. Der Besitz ist ab 18 Jahren erlaubt, weil die Dinger mörderisch effizient sind. Ihre Speere durchbohren Holzbretter wie nix und Hexen erst recht.

Die Frau vom Gruber Hans war die Gruber Elli. Knöferl traf sie im Degustationsraum der Brennerei, wo normalerweise Schnapsverkostungen stattfinden. Jetzt aber gab es nur Kaffee, den Elli aber nicht anrührte. Eine propere Frau, die dennoch wie ein Schatten ihrer selbst wirkte.

„Es können viele gewesen sein", erklärte die Schattenfrau, „Konkurrenten aus der Branche, Konkurrenten in der Bürgermeisterwahl. Mein Hans war ja nicht der einzige Bewerber."

Elli führte weiter aus, sie sei auch bei dem Raunacht-Spektakel dabei gewesen, habe aber nichts Seltsames bemerkt, bis ihr Ehemann im Kostüm der blutigen Luzia plötzlich nach hinten fiel. Als sie bei ihm ankam, lag er regungslos da, und sie habe im Innersten gefühlt, dass er nie wieder aufstehen würde. „Das ist die schlimmste Gewissheit, die es geben kann."

Dann sei rundherum Hektik ausgebrochen, irgendjemand habe die trommelnde Rockmusik in den Lautsprechern abgeschaltet, trotzdem Lärm, Geschreie, Menschen, die per Handy den Notruf wählten.

„Alles, was dann passiert ist, ging an mir vorbei. Ich kann Ihnen nichts weiter sagen."

Im Kamin brannte ein heimeliges Feuer. Der Pfarrer, ein massiver Kerl in den besten Jahren, war eine coole Socke. Der Speer in der Kirchentür sei ein starkes Stück, erklärte er, aber die Tür sei stärker gewesen. Massive Rotbuche aus dem Bayerwald, geschlagen vor etlichen hundert Jahren.

Die Haushälterin kam ins Zimmer, eine attraktive Frau mit einem eindrucksvollen Dekolleté, auf das der Pfarrer nicht etwa missbilligend blickte, sondern wohlwollend. Sie brachte Kaffee und eine Steingutflasche Bärwurz.

„Danke, Magdalena!" Der Pfarrer drehte den Verschluss auf und fragte Knöferl einladend: „Auch einen Schuss in den Kaffee?"

Knöferl lehnte ab.

„Dienstvorschrift, ich verstehe."

Der monumentale Priester schien keine derartige Vorschrift von höherer Stelle zu haben und gönnte sich einen ordentlichen Aufguss.

„Ich bin nebenberuflich Bärwurz-Sommelier", erklärte er gemütlich, „ich halte Seminare ab, leite Degustationen und schreibe Zeitungsartikel. Da muss ich natürlich immer auf dem Laufenden sein."

„Degustationen? Auch in der Wurzerei Gruber?" Knöferl war hellhörig geworden.

„Ach, Sie meinen, die Speere wären gegen den Schnaps gerichtet? Erst den Gruber aufgespießt und jetzt die Kirchentür. Ein Feldzug gegen den

Alkohol? Möglich. Ich wüsste allerdings niemanden, der dafür infrage käme. Die Leute hier sind bodenständig, der Tradition verhaftet. Irgendwelche Spinner, die glauben, die Menschheit retten zu müssen, haben wir nicht. Uns reichen die Perchten. Mir fällt auch kein Grund ein, warum jemand die Tür unserer kleinen Ortskirche harpunieren sollte."

Knöferl verzweifelte allmählich. In diesem Fall waren alle Betroffenen überzeugend ahnungslos oder gaben sich wenigstens so. Im ganzen Bayerischen Wald bislang kein einziger Baum der Erkenntnis!

Beim Simmerlwirt gab es als Tagesgericht Hirschroulade in Wacholderrahmsoße. Alle Tische waren besetzt, also quetschte sich der Kommissar an den Bartresen. Das Bier aus der hauseigenen Brauerei war köstlich. Das fand Knöferls Nachbar wohl auch und bestellte nach.

„Ich bin hier der Briefträger", begann er leutselig, „ich erfahre ziemlich viel. Ich weiß zum Beispiel, wer Sie sind. Ich weiß auch, dass die Frau vom erschossenen Gruber Hans fremdgegangen ist. Die beiden haben sich kürzlich im Haus lautstark gefetzt. Ich konnte es gar nicht überhören beim Zustellen."

Endlich konnte er den aufgestauten Dorftratsch loswerden. Der Postbote war in seinem Element und Knöferl desgleichen. Ein Informant, wie hilfreich! Nach den Bayern-Fans jetzt schon der dritte.

„Ich habe leider keine Ahnung, wer der glückliche Liebhaber sein könnte, aber vielleicht forschen Sie mal in der Richtung nach. Hier im Ort geht es sowieso zu wie in Sodom und Gomorrha. Sogar der Pfarrer lässt nichts aus. Die neue Haushälterin, das gängige Klischee, aber die reine Wahrheit."

Jetzt schmeckte die Hirschroulade gleich noch mal so gut, und Knöferl bekleckerte vor Begeisterung sein Sakko. Dann notierte er: „Motiv Schnackseln?"

Jackl rief den Benni an. Der druckte gerade die ersten Visitenkarten der neuen Firma aus.

„Hör auf damit, du musst sofort kommen, der Schneemann hat einen blauen Fleck!"

Benni stoppte den Druck, nahm den ersten fertigen Bogen und schnitt mit fliegenden Fingern die Karten aus, die eher Zettel waren. Dann Thomas-Müller-Schal, Steppjacke, Stiefel, und ab durch die Mitte!

Jackl wartete schon aufgeregt am Schneemann, den sie zusammen vor der Krippenschnitzerei Kettenmüller aufgestellt hatten. Am Morgen war Tauwetter aufgekommen und hatte der weißen Skulptur bereits ziemlich zugesetzt. Sie schmolz zusehends dahin. Und tatsächlich, an einer Schulter des Schneemannes zeigte sich etwas Blaues, das da nicht hingehörte. Benni zog daran, und die Buben staunten nicht schlecht.

„Boah ey, das nehmen wir zum Kommissar mit! Auf geht's!"

Knöferl saß am Christbaum im Foyer vom Simmerlwirt, hatte sein Notizbuch aufgeschlagen, überlegte, kombinierte, schrieb auf, schrieb drüber und nippte dabei an der Cappuccino-Tasse, aus der es lecker nach Bohnen und Blutwurz roch. Dem gläubigen Sommelier sei Dank, man gönnt sich ja sonst nichts.

War da jemand am Werk, der dem außerehelichen Vergnügen den Kampf angesagt hatte? Dem Pfarrer und der Haushälterin, der Gruber Elli und dem großen Unbekannten? Aber warum war dann der Gruber Hans tot, die Frau war doch die Sünderin.

Oder ging es um die Bürgermeisterwahl? Aber was hatte der Pfarrer damit zu tun?

Und warum nur eine Leiche und in den anderen Fällen bloß leicht verletzte Türen?

Plötzlich kamen die Bayern-Buben hereingestürmt. Jackl verbarg etwas hinter seinem Rücken, und Benni überreichte stolz eine der nagelneuen Visitenkarten. Darauf war eine feuernde Pistole abgebildet, ein Cartoon aus dem Internet, und es stand zu lesen *Jackl & Benni, Privatdetektive.*

Knöferl nahm das Zettelchen und unterdrückte ein Schmunzeln: „Ach, zwei Kollegen, was kann ich für die Herren tun?"

„Mir ham, äh, wir haben ein Beweisstück gefunden", verkündete Benni triumphierend und zauberte das Geheimnis hinter seinem Rücken hervor. Eine Mini-Harpune mit blauem Griff!

„Ja, bist du narrisch!", Knöferl traute seinen Augen nicht. Diese zwei Knirpse waren echt ein Knaller.

„Wo habt ihr das her?"

„Wir haben einen Schneemann gebaut."

„Bei uns vor der Krippenschnitzerei", grätschte Jackl dazwischen.

„Dann bist du ein Kettenmüller-Bub, ein Sohn vom Bürgermeister?"

„Der einzige. Außer meiner Schwester, aber die ist ein Madl."

Benni übernahm, war ganz zappelig: „Der Schneemann schmilzt, und es ist etwas Blaues aus der Schulter herausgekommen, der Jackl hat's entdeckt. Dann haben wir das Ding herausgezogen. Es gehört dem Teufel, damit hat er geschossen!"

„Kriegen wir jetzt eine Belohnung?“

„Zwei Limo als Anzahlung, einverstanden?“

Knöferl rief die Wirtin.

„Und das Protokoll?“ Benni bestand darauf.

Der Kommissar hatte einen kurzen Text vorbereitet, welchen die Jungs mit großer Sorgfalt und großen Buchstaben unterzeichneten.

Zehn Minuten später war der Kommissar in seinem Dienstwagen unterwegs zur Krippenschnitzerei am Ortsrand, im Fond die zwei frischgebackenen Kollegen aus der Privatwirtschaft.

Der Schneemann stand noch, machte aber keine besonders gute Figur mehr. Dabei war seine Spezies früher auch eine Art Percht gewesen. Meist eindrucksvoll groß und ein Sinnbild des rauen Winters. Ein übler Geselle mit finsterem Gesichtsausdruck und drohend erhobenem Besen, ein Symbol für die raue, kalte Jahreszeit, die Not und Entbehrungen mit sich brachte. Erst im Biedermeier, der hausbackenen Zeit bürgerlicher Nettigkeiten, wurde er zur niedlichen Figur, zum Spielgefährten der Kinder. Und jetzt dieser Rückfall in die Besenzeit, ein Schneemann als Waffenschrank! Die Absicht war klar. Der Täter war sein Werkzeug losgeworden und beim nächsten Tauwetter würde es den Kettenmüller belasten.

Der arbeitete im Versandraum die Internet-Bestellungen ab. Gerade verpackte er ein vierteiliges Figuren-Set „Heilige Familie mit Esel“. Die Leute waren einfach unmöglich, immer alles auf den letzten Drücker!

Jackl stellte den Kommissar vor und verschwand dann mit Benni in seinem Zimmer. Die PS5 wartete schon.

Das Gespräch mit dem herrgottsschnitzenden Bürgermeister war wenig ergiebig. Knöferl widerstand beharrlich einer mehrmaligen Einladung zu einem „Schnapserl“ und notierte, dass es nichts zu notieren gab. Nichts gesehen, nichts gehört, keine Ahnung, wie die Harpune in das Schneemann-Versteck gekommen war. Einen blutigen Kampf um den Bürgermeistersessel schloss er kategorisch aus, schließlich sei das hier eine zivilisierte Gegend, sie seien Waldler und keine Hinterwäldler.

Dann wandte er sich wieder den Bestellungen zu: dreimal Könige auf Kamel, fünfmal Könige zu Fuß.

Draußen startete Knöferl den Dienstwagen, denn er hatte noch einen weiteren Besuch zu erledigen.

Der Koppler Kurt war stinkig.

„Wird aber auch Zeit“, knurrte er, „ich habe schon in der Früh Anzeige erstattet. Da schießt jemand ein Loch in meine Türe, und die Polizei lässt sich alle Zeit der Welt.“

Der Verdruss kam dem Kommissar entgegen, denn ein unzufriedener Bürger wird der Polizei garantiert keinen Bärwurz anbieten. Der eine vorhin war genug gewesen. Kein Bärwurz, aber hoffentlich neue Erkenntnisse. Der Kommissar sollte sich täuschen.

Der Kurt war nebenberuflich Förster und wahrscheinlich deshalb brauchtümelte sein Haus im Inneren aufs Unerträglichste. Holzdecken, Hirschgeweihe, auf dem Kaminsims handgeschnitzte Rehe, Weihnachtsdeko mit Tannenzapfen und Bienenwachskerzen. Aber die Haustür aus Spanplatten!

Koppler lebte allein und war im Hauptberuf Fitnesstrainer in einem nahen Wellness-Resort. Man sah es ihm an, das musste Knöferl neidisch zugestehen. Ein Terminator im Trachtenjanker!

Er wisse so gut wie nichts, erklärte der Muskelmann, außerdem müsse er jetzt nach Cham zu einem Interview beim Bayerwald-Echo wegen seiner Kandidatur zum Bürgermeister. Schließlich sei er berufen, das bayerische Naturgesetz zu brechen, dass die Welt untergeht, wenn ein Roter Ortsvorsteher wird.

„Natürlich bin ich beim Perchtentreiben dabei gewesen wie alle hier. Da können Sie gleich das ganze Dorf verdächtigen! Aber ich hab nichts gemacht. Außerdem bräuchte ich keine Waffe.“

Er warf sich mit geballter Faust in Pose. Eine Geste, die Knöferl den Rückzug nahelegte. Den trat er auch an – durch die gelöcherte Haustür.

Bei der Kriminalpolizeiinspektion Regensburg waren die Rechner und Telefone im Dauereinsatz. Es ist kaum zu glauben, wie viele Shops Harpunen anbieten. Damit könnte man alle Weltmeere entvölkern statt sich mit der heute üblichen Verschmutzung zu behelfen.

Ein Treffer ließ lange auf sich warten, aber dann kam er doch. Eine Lieferung an eine Packstation in Waldstätten ob der Hölle. Als Knöferl per WhatsApp die Bestelldaten bekam, pfiff er durch die Zähne.

Jetzt fiel ihm auch wieder ein, welcher Geruch ihm jüngst in die Nase gestiegen war. Schon etwas flüchtig, aber eindeutig ein Geruch nach Höllenfeuer. Den kannte er aus einer Raunacht, in der er selbst unterwegs gewesen war. Als Habergeiß. Als furchterregender Ziegenbock mit glühenden Augen, ein Quälgeist, der die Perchten begleitet, unartige Kinder erschreckt, den Träumenden Albdrücken bereitet, manchmal sogar den Tod ankündet. Vor zwei

Jahren war der Kommissar mit seinem Fell einem Feuer zu nahe gekommen, und der Pelz hatte zu qualmen begonnen und erbärmlich gestunken.

Damit hatte er zwei Indizien, die Harpunenbestellung und den Geruch nach verbranntem Fell. Der letzte Akt konnte beginnen.

Ein Streifenwagen fuhr vor, dahinter Knöferls Dienstwagen, dem auch eine Kriminaltechnikerin entstieg. Die machte sich sofort ans Werk, um eventuelle Reste des Teufelskostüms zu sichern. Der Kommissar las die Bestelldaten für die Harpune vor und konstatierte einmal Mord und zweimal Sachbeschädigung. An der Kirchentür und am Hause Koppler. Elli Gruber hörte mit gesenktem Kopf zu und nickte fast unmerklich. Dann begann sie zu erzählen.

„Ich habe ein Verhältnis mit dem Kurt, dem Kurt Koppler. Ein echter Mann, kein halbes Hemd wie mein Schnapsbrenner. Der hat nichts gemerkt, und ich habe es genossen. Zu Hause finanziell abgesichert und um die Ecke großartiger Sex ganz im Geheimen, kein schlechtes Leben. Dann ein einziges unvorsichtiges Telefonat. Das hat Hans durch eine Tür mitbekommen, die leider nicht ganz zu war. Er ist ausgerastet, er hat mich angeschrien. Ich wäre eine verdammte Schlampe, es mit einem anderen zu treiben, und dazu noch mit einem Konkurrenten um das Bürgermeisteramt."

Elli ballte die Fäuste.

„Sieh dich vor", hat er gebrüllt, „sieh dich vor, ich mach dich kalt!"

Dann ist er raus zum Simmerlwirt.

„Geschlafen hat er ab dem Zeitpunkt oben auf dem Speicher. Jede Nacht bekam ich Panik, dass er herunterkommt und sich rächt. Dass er mir eine Bärwurzflasche über den Kopf zieht oder das Haus anzündet. Ich hatte eine Heidenangst, ich wollte endlich frei sein. Frei von Furcht und frei von einem Versager als Ehemann. Ich habe alles genau geplant."

„Bingo!", ließ sich die Kriminaltechnikerin vernehmen und präsentierte, was sie im stilvollen Kamin des Degustationsraumes gefunden hatte.

„Verkohlte Fasern, wie angenommen."

„Das Teufelskostüm, ich habe es von einem Tschechenmarkt gleich hinter der Grenze. Sie wissen schon, eines von diesen billigen Freiluft-Einkaufszentren. Es ist keine Strecke dorthin, und man kriegt alles. Bis auf Harpunen. Deswegen musste ich die im Netz bestellen."

Knöferl war fast am Ziel.

„Warum die Anschläge auf die Kirchentür und die Haustür vom Kurt Koppler?"

„Alles Ablenkung, falsche Fährten. Mein Kurt, mein Herkules, war auf dem Fest versackt, da konnte ich ohne Probleme losballern. Die Kirchentür habe ich besonders genossen. Der Pfarrer hat mich nämlich abgeschüttelt wie eine Laus, als die neue Haushälterin kam. Zum Glück war ja Kurt gerade zu haben, öfter mal was Neues!"

Die war ja ein Früchtchen! Knöferl erinnerte sich, wie ihm Elli perfekt die trauernde Witwe vorgespielt hatte. Und so schritt er triumphierend zur perfekten Festnahme.

Ehe die Streifenbeamten das mörderische Luder abführten, fiel ihm noch etwas ein.

„Die Harpune im Schneemann, wie kamen Sie auf diese Idee?"

„Der Kettenmüller sollte auch etwas abbekommen. Schließlich hatte er im Wahlkampf mächtig Stimmung gegen meinen Kurt gemacht. Chancenlose Minderheit, Sozi-Schwarzenegger et cetera. Da kam mir die Gelegenheit gerade recht."

Die Bürgermeisterwahl war so gut wie gelaufen. Ein Herausforderer tot, der andere der Geliebte einer Mörderin. Der Kettenmüller konnte dem entscheidenden Tag beruhigt entgegensehen, zumal er auch noch in der richtigen Partei war.

Ehe Kommissar Knöferl das Waldler-Dorf ob der Hölle verließ, passte er noch den Briefträger ab und gab ihm eine behördliche Anweisung.

Ein paar Tage später wurde ein großes Kuvert ohne genaue Adresse richtig zugestellt. Auf dem Umschlag stand lediglich:

Amtliche Post
an
Privatdetektive Jackl & Benni
Waldstätten ob der Hölle

Jackl schlug mit dem Hammer zu und Benni schrie auf: „Des war net der Nagel, des war mei Finger, du Depp!"

Schließlich hing sie doch. Die Belohnung für sachdienliche Hinweise. Die Urkunde mit dem Stempel der Kriminalpolizeiinspektion Regensburg und dem Text:

Besten Dank für die erfolgreiche Zusammenarbeit und weiterhin viel Erfolg!

Es grüßen
Kommissar Knöferl und Kollegen

Die Witwen aus der Puppenkiste

In Augsburg kommt nicht Kai aus der Kiste, sondern der Kasperl. Präziser gesagt, der Kaschperl, weil Augschburg zu Bayerisch-Schwaben gehört, und da reden sie halt so.

Ebenfalls aus der Puppenkiste kommen Jim Knopf und Lukas, der Lokomotivführer, König Alfons der Viertel-vor-Zwölfte, das Sams und der Räuber Hotzenplotz. Bloß Urmel kommt aus dem Eis. Die Marionetten sind seit siebzig Jahren ein Renner bei Groß und Klein, und der Herr Klaus Marschall, der Chef, erklärt den Erfolg auf einleuchtende Weise: „Wir wackeln mit einem Hölzchen, das ruft die Fantasie auf den Plan."

Barbie wackelt mit durchgestyltem Plastik, das ruft keine Fantasie ab. Zu vollendet, zu perfekt.

Bei perfekten Morden ist das Streben nach Vollendung indes unumgänglich. Sonst schafft es eine Tötung niemals in einen Krimi.

Der Wittelsbacherpark ist eine der größten Grünanlagen in der Stadt. Momentan war er eher eine Weiß-Anlage, ganz genau genommen eine Weiß-Blau-Anlage. Die Farbkombination kam vom Schnee, der in der Nacht kräftig gefallen war, und von den Blaulichtern der Polizeiautos, welche die morgendliche Idylle in amtlicher Mission störten. Der Grund für den Auftrieb hatte etwas Bizarres. Ein älterer Herr lag steif und tot im Schnee, sein Kopf in einer Lache aus gefrorenem Blut. Auch das Gesicht blutig, kaum zu erkennen. Nebenan stand regungslos ein Pärchen. Frau und Mann aus Schnee erbaut, die weißen Leiber voller roter Spritzer.

Der Kommissar hieß Brecht. Nicht verwandt oder verschwägert mit Bertolt Brecht, Augsburgs großem Sohn, von Friedrich Dürrenmatt als „unerbittlicher Denker" bezeichnet und als unerbittlicher Dramatiker zu Weltruhm gelangt. Unerbittlicher Zigarrenraucher war er ebenso gewesen. Bei seinem Namensvetter von der Kripo rauchte gerade der Kopf. Brecht II. grübelte, was ihm das Ensemble mit dem kalten Schneepärchen und dem kaltgemachten Herrn wohl sagen könne. Nichts sagte es, es schwieg.

Okay, er würde es zum Reden bringen!

Die Maximilianstraße um die Ecke vom Augsburger Rathaus gilt als eine der baulich bedeutendsten Straßen Europas. Ein Mosaik aus Gotik, Renaissance, Rokoko und Neoklassizismus. Der Kenner sieht das auf Anhieb, sobald er die Flaniermeile durchschreitet, der gewiefte Autor kann es natürlich auch aus der Wikipedia abschreiben.

Die Witwe Therese war von der gemauerten Historie nicht wirklich ergriffen, ihr ging es einzig um die Schokoladentorte, die im Café Dichtl in der Maximilianstraße angeboten wird. Thereses Ansicht nach eine der bedeutendsten Süßigkeiten Europas, jede Kalorie eine sündige Sensation.

Und erst der neue Stammgast! Ein wahrer Herr! Nur das Schnauzbärtchen störte, aber *Nobody is perfect*. Dafür war der „Gentleman", wie sie ihn heimlich nannte, ein Charmebolzen der ersten Liga, hatte Umgangsformen und offensichtlich Interesse. Das er wegen der Manieren erst nach einer gebührenden Karenzzeit äußerte.

„Darf ich mir erlauben, kurz an Ihrem Tisch Platz zu nehmen?" Er war ganz untertänigst.

Therese hieß den Traum ihrer schlaflosen Nächte mit einer Handbewegung willkommen. Endlich kam die Sache ins Rollen!

„Stauffenberg ist mein Name, Horst von Stauffenberg."

Von Stauffenberg, das ging ja besser runter als jede Schokoladentorte!

„Ich heiße Therese."

„Eine Frau mit Geschmack, wie ich sehe. Das Halstuch ist doch von Hermès, oder?"

Therese hatte es gewusst, ein Weltmann.

Ab diesem Zeitpunkt trafen sie sich täglich im stilvollen Dichtl, wobei er Kaffee mit Cognac nahm und Therese Cappuccino plus Schokoladentorte. Von der sie ihm jedes Mal neckisch ein Gäbelchen spendierte. Samt Schlagsahne. Stauffenberg war ein ausgezeichneter Unterhalter und ein gebildeter Gesprächspartner. Kein Wunder: als freier Journalist im Ruhestand. Das war endlich mal ein intellektueller Aufstieg! Thereses verstorbener Otto war Inhaber einer Feuerwerksfabrik gewesen, geistig hatte er keine China-Böller zu verschießen gehabt, und letztlich war er in einem explosiven Finale mit seinem gesamten Betrieb in die Luft geflogen. Geradewegs Richtung Himmel.

Ein Trauerfall, aber auch ein Versicherungsfall. Die „Schwäbische Schadenskasse" zahlte ungern, aber sie zahlte. Also konnte Ottos Witwe weiter bei Hermès & Co. einkaufen. Der Gentleman sah ihr beim Tortenessen zu und stellte zufrieden fest, dass es über kurz oder lang Zeit wurde für eine Einladung in die Puppenkiste.

Der Tote hieß Karl-Ulrich Knorr und war mit mehreren Hieben umgebracht worden. Schlag auf Schlag, könnte man sagen. Brecht las den Bericht der Rechtsmedizinerin und hatte dabei wie üblich die Füße mit den Sneakers und den Ringelsocken auf dem Schreibtisch. Was Dolores wie üblich mit strafender Miene zur Kenntnis nahm. Allerdings ohne weitere Erziehungsversuche. Sie war seine Vorgesetzte, aber nicht sein Kindermädchen. Sollte er sich doch danebenbenehmen!

„Was steht drin?"

Brecht fasste zusammen.

„Karl-Ulrich Knorr, 69, freier Journalist im Ruhestand, unverheiratet, unbescholten, wohnhaft im gediegenen Beethovenviertel. Wurde mit einer beträchtlichen Zahl von Schlägen auf den Kopf getötet. Tatwerkzeug vermutlich ein flacher metallischer Gegenstand. Tatzeit Pi mal Daumen zwischen 23 Uhr und ein Uhr morgens. Sichergestellt wurden ein Portemonnaie, ein Schlüsselbund, ein Döschen Pfefferminzbonbons, kein Handy. Jede Menge Sohlenabdrücke rund um den Tatort, charakteristisches Profil von Winterstiefeln, Größe 43. Wohl von einem Mann."

Er klappte den Bericht zu.

„Wir werden einen Aufruf starten, um eventuelle Zeugen aufzutreiben, aber wer verirrt sich schon mitten in der Nacht in einen verschneiten Park? Möglicherweise ist der Tote als Zeitungsschreiber jemandem auf die Füße getreten. Nur warum wartet jemand mit der Retourkutsche, bis der Schreiberling in Rente ist? Seine Maisonette in der Katharinengasse wird gerade von der Kriminaltechnik auf den Kopf gestellt. Wichtige Frage: Der Tote hatte kein Handy bei sich, warum?"

Brecht nahm die Füße vom Tisch. „Das ist im Augenblick alles, Chefin."

Die Wortwahl „Chefin" rührte daher, dass die beiden in grauer Vorzeit eine kurze, erfolglose Affäre gehabt hatten. Seitdem waren sie auch beruflich penibel auf Distanz bedacht.

„Danke, Kommissar", Dolores rauschte davon.

Augsburg wird auch „Datschiburg" genannt. Das liegt an einer Vorliebe der Bevölkerung für den schwäbischen Blechkuchen, der mit Obst der Saison und mit Streuseln belegt wird. Zur Sommerzeit in aller Munde als Zwetschgendatschi. Trotz dieser teigigen Tatsache ist die Stadt ein Hort der Kunst. Der bereits erwähnte dramatische Revoluzzer Bertolt Brecht wurde hier geboren, weiterhin Leopold Mozart, der Vater vom Wolfgang Amadeus, die Schauspielerin Magda Schneider, die Mama von Romy, und Roy Black, der ewige Schwiegersohn des deutschen Schlagers. Außerdem gibt sich hier das wohl kleinste Opernhaus der Welt die Ehre, die Augsburger Puppenkiste. Da erscheint nämlich nicht nur der Ritter Don Blech für die Kinder, sondern auch der fiese Don Giovanni für die Erwachsenen, es wird aus dem Serail entführt, und die Zauberflöte erklingt ganz mozärtlich.

Heute klang es eher martialisch mit Pauken und Trompeten, Richard Wagner war dran. Der gesamte Ring, im Original unerträgliche sechzehn Stunden lang. Die Puppenspieler haben daraus zuschauerfreundliche 120 Minuten gemacht mit dem finsteren Zwerg Alberich, dem riesigen Drachen und Siegfried, dem Drachentöter. Dazu Intrigen, Lügen, Hinterhalt, Mord, Liebe und Herzschmerz, lauter Wagner'sche Tugenden.

Therese schien dennoch nicht begeistert. In der Pause nippte sie nur zögernd an ihrem Prosecco.

„Puppen, die Menschen darstellen, hängen an zehn Fäden", versuchte ihr Begleiter sie aufzuheitern, „da hat der Spieler ganz schön zu tun. Der Puppen-Superstar hier im Theater ist ein quietschgelber Tausendfüßler mit 44 Fäden. Es braucht vier Leute, um ihn zu bewegen. Wehe, wenn da einer den Faden verliert!"

Die Witwe lächelte gezwungen.

„Übrigens heißt es auch, dass die Kindheit vorüber ist, wenn man bei der Augsburger Puppenkiste die Fäden sieht."

Die Witwe lächelte wieder und fasste sich dann ein Herz. „Können wir bitte gehen? Ich muss mit Ihnen reden, es ist wichtig. Allein weiß ich nicht mehr weiter."

Sie saßen nicht im Dichtl, denn das macht um 18 Uhr dicht, sondern in der Bar des „Maximilian's", beste Adresse der Stadt, fünf Sterne und „Superior" ohne Ende. Von 1495 bis 2020 hatte es „Drei Mohren" geheißen. Wegen der rührenden Gründungsgeschichte.

Drei dunkelhäutige reisende Mönche aus Abessinien waren in Augsburg vom Winterfrost überrascht worden, und ein Gastwirt gewährte ihnen Obdach. Bis ins Frühjahr half er ihnen durch die unbekannte kalte Zeit. Vor ihrer Abreise ließ er das Bildnis der drei auf eine Tafel malen, die er als Gasthausschild aufhängte.

Eine Reminiszenz an eine gute Tat, zerschmettert von der Faust der Political Correctness. Mohren darf es nicht mehr geben, also weg mit dem Namen! So ist das Hotel heute – wie vieles in Augsburg – nach dem österreichischen Kaiser Maximilian I. benannt. Der war des Öfteren in Datschiburg zu Gast, aber nicht weil ihm die Stadt so gut gefiel, sondern weil er einen mordsmäßigen Haufen Geld ausgab und beim Augsburger Bankier Jakob Fugger immer wieder Kredite aufnehmen musste.

Ums Geld ging es auch beim Problem der Witwe Therese. Sie zog einen Briefumschlag aus der Handtasche, die nicht von Hermès war, sondern von Dior. Feines Lammleder in leuchtendem Rot, 5.000 Euro. Der Brief befasste sich mit der zwanzigfachen Summe.

„100.000 Euro, oder ich lasse die wahre Ursache der Explosion auffliegen. Nächsten Samstag, zweiter Advent, ab 14 Uhr, Gepäckbus am Moritzplatz. Betrag in Weihnachtspaket verpacken und in einer Kaufhof-Tüte abgeben. Aufbewahrungsschein in der Moritzkirche mit Tesafilm hinten an den Taufstein kleben. Keine Polizei!"

Stauffenberg hatte kaum hörbar vorgelesen. Auch die distinguierteste Hotelbar hat Ohren.

„Der Brief kam vor vier Tagen. Seitdem liege ich jede Nacht voller Angst im Bett und weiß mir nicht zu helfen. Die Tage sind nicht besser."

Thereses Hände zitterten.

„Ganz ruhig, ganz ruhig, meine Liebe, für jedes Problem gibt es eine Lösung. Gemeinsam werden wir sie finden. Aber Sie müssen ehrlich sein. Was könnte der Erpresser über die Explosion wissen?"

„Ich habe keine Ahnung, wirklich nicht. Die Versicherung hat das Unglück monatelang untersucht und dann zähneknirschend bezahlt, weil sich keine Unregelmäßigkeiten gefunden haben. Aber vielleicht hat mein Otto ja doch etwas angestellt und ist dabei umgekommen."

„Geben Sie mir einen Tag Zeit zum Nachdenken, ich werde die Sache für Sie zu einem guten Ende bringen."

Therese wäre ihm am liebsten um den Hals gefallen. Aber das macht man als ehrbare Witwe nicht in der Öffentlichkeit, im Maximilian's schon gar nicht. Dafür bezahlte sie die Drinks. Der Preis war auch Erpressung. Mit Mehrwertsteuer.

Brecht führte gerne Selbstgespräche. Da hatte er erstens einen kompetenten Zuhörer und konnte zweitens besser nachdenken. Da sein Büro zu klein war für zwei, also eine Einzelzelle, fiel die Schrulle nicht weiter auf.

„Unser Herr Knorr aus dem Wittelsbacherpark ist aktenkundig", stellte er zufrieden fest, „allerdings nicht als Täter, sondern als Opfer. Hat einen Streifschuss abbekommen, nachts auf dem Nachhauseweg im sauberen Beethovenviertel. Das Projektil vom Kaliber 22 wurde in einer Hauswand gefunden, die Waffe blieb verschwunden, war auch nicht anders zu erwarten gewesen. Was sagt uns das?"

Brecht schlussfolgerte messerscharf.

„Irgendjemand hat seit längerer Zeit eine Rechnung mit ihm offen. Aber warum zwei verschiedene Tatorte und zwei Tatwerkzeuge?"

Wie auf Stichwort rief die Kriminaltechnik an und vermeldete eine totale Pleite in der Knorrs Maisonette, aber einen Fund im Park. Ein Klappspaten aus Borstahl, finnische Qualität, voller Blut, aber ohne jeglichen Fingerabdruck. Eindeutig die Tatwaffe. Eindeutig nicht weiter hilfreich.

Die Tochter erinnerte sich. Der Vater war Straßenbahnfahrer gewesen, die Mutter Regalauffüllerin im Supermarkt. Die Tochter wollte raus aus dem Kleinklein, wollte studieren und Spaß haben. Was alles Geld kostet. Also suchte sie eine Verdienstmöglichkeit und entdeckte, dass man mit Spaß haben auch Kohle verdienen kann. Sie sah unverschämt gut aus, hatte das Abitur locker geschafft, somit entschied sie sich für eine höchst ertragreiche Kombination aus Bildung und Sex, „Escort" genannt, zu Deutsch „Begleitservice".

Sie begleitete etliche Jahre, bis sie einen Geschäftsmann eskortierte, der sich unsterblich in sie verliebte. Er wurde ihr Ehemann und sie konnte zu Ende studieren, ohne einen Nebenverdienst nötig zu haben. Es wurde eine verdammt gute Ehe trotz des Altersunterschiedes. Bis er unvermutet starb. Bis sie Witwe wurde, eine ganz junge Witwe. Das war, als hätte sich ein riesengroßes schwarzes Loch aufgetan, in dem ihr Leben und der Glaube an die Zukunft verschwunden waren. Ein schwarzes Loch, aus dem Ärger hochschoss wie Feuerzungen aus einem Vulkan.

Als sie im Dichtl den Kerl und die Frau sah, traute sie ihren Augen nicht und verschwand eiligst von der Bildfläche.

Zehn Minuten zuvor hatte Therese noch allein dagesessen. Die Schokoladentorte stand schon auf dem kleinen Zweiertisch, musste aber noch warten bis zur Feier des Tages. Heute würde der Gentleman den ersten Bissen bekommen. Als er endlich zur Tür hereinkam, sah er allerdings nicht so aus, als wäre ihm nach Torte zumute. Er schmiss Mantel und

Schal schlampig über den Garderobenständer, setzte sich und sagte nur ein Wort: „Schiefgegangen!"

Therese fiel in sich zusammen.

„Der Plan war gut. Alles ausführen wie gefordert, dann auf der Lauer liegen, bis der Erpresser mit der Kaufhof-Tüte aus dem Bus kommt, und ihn dann stellen. Als der Kerl nach drei Stunden immer noch nicht aufgetaucht war, habe ich in der Moritzkirche den Taufstein inspiziert. Der Aufbewahrungszettel war weg. Es gibt nur eine Erklärung: Der Mann hat über die Kaufhof-Tüte eine andere gestülpt, von Aldi oder C&A, was weiß ich. Er hat mich regelrecht verladen."

Sein Bärtchen zitterte vor Ärger.

„Das Geld ist leider futsch, ich bin untröstlich."

Gesegnet seien kleine schwarze Köter, die an einer silbernen Hundekette durch den Wittelsbacherpark gezerrt werden, um überall schnaufend die platte Schnauze reinzustecken und überall hinzupinkeln. Gesegnet sei die Mops-Dame Lilith. Ein babylonischer Name, der „Dämonin der Nacht" bedeutet. Kein Wunder bei dem Frauchen, denn dieses war eindeutig vom Stamme der Gothic-Bewegung, salopp gesagt ein Grufti. Käseweiß geschminkt, lila Lippenstift, Piercing-Ringe in den schwarz bemalten Lippen. Nicht gerade Brechts Beuteschema, zumal der Hund intensiv roch, weil das Fell im Schnee nass geworden war. Aber Lilith hatte ein Handy gefunden, und Frauchen Grufti bewies staatsbürgerliches Bewusstsein, indem sie das Smartphone zur Polizei brachte.

„Hab den Aufruf gelesen wegen diesem Kerl, der totgemacht wurde. Könnte ihm gehören."

Sie überreichte Brecht das Telefon mit spitzen silbrig-schwarzen Krallen. „Gothic Nail Design" heißt das. Dann schob sie ab auf ihren Plateau-Sohlen und schleifte Lilith, die röchelnde schwarze Möpsin, hinter sich her.

Das Handy sollte sich als Goldgrube erweisen, aber erst einmal musste die KTU das Ding knacken. Zwei Tage im Schnee, Akku platt, und das Gerät klarerweise mit einer PIN gesichert. Die Kriminaltechniker waren schnell und fanden eine entscheidende SMS-Botschaft, leider von einer Prepaid-Karte.

„Heute um Mitternacht, Wittelsbacherpark, Japanischer Garten, beim Liebespärchen aus Schnee. Überraschung!"

Brecht hatte eine Idee. Er lud ein Foto von Karl-Ulrich Knorr in die Google-Bildersuche hoch. Eines, auf dem das Gesicht noch intakt war, die

KTU hatte es aus der Wohnung mitgebracht. Tatsächlich landete er einen Treffer. Auf dem Facebook-Account einer gewissen Irene S. Unter dem Bild zwei kurze Sätze: „Wer kennt diesen Mann? Bitte melden!"

Dieser Irene S. war er im Nullkommanichts auf der Spur und schickte ihr eine amtliche Vorladung. Es ging voran, endlich.

Eine Woche später standen zwei Frauen auf der Matte und beehrten Einlass ins Kommissariat.

„Zu Kommissar Brecht bitte!"

Dolores kam zur selben Zeit aus der Mittagspause und nahm der Kollegin am Empfang die Arbeit ab.

„Ich nehme die Ladys mit."

Brecht ließ gerade den Verdauungs-Cappuccino durchlaufen.

„Damenbesuch", verkündete Dolores, schob die zwei Frauen in das Büro des Kommissars und stiefelte weiter in ihr Chefzimmer.

„Cappuccino ist eine gute Idee", befand Therese, „für uns auch."

Die zweite Frau war um etliches jünger als die Schokoladentortenspezialistin. Es handelte sich um Irene S. S wie Schönberger.

Der Kommissar wies auf den Besprechungstisch: „Bitte!"

Er fabrizierte die Cappuccinos, setzte sich ebenfalls, und ehe er noch ein Wort sagen konnte, verkündete Therese: „Wir gestehen!"

„Sie gestehen was?"

Irene übernahm.

„Wir gestehen den gemeinschaftlichen Mord am Schweinehund Karl-Ulrich Knorr. Wir haben beschlossen, zu unserer Tat zu stehen, auch wenn Sie peinlicherweise nicht in der Lage sind, uns etwas nachzuweisen."

„Augenblick bitte." Brecht griff zum Hörer. „Chefin, kommen Sie sofort rum. Alarmstufe Rot!"

Das klang dringend. Dolores ließ alles liegen und stehen und platzte mitten hinein in das Cappuccino-Kränzchen.

„Ich leite dieses Kommissariat, und ich höre!"

„Ich auch", ergänzte Brecht.

Dolores war noch nicht fertig.

„Ich höre besser bei einem Cappuccino."

Also ließ Brecht einen weiteren Kaffee durchlaufen. Plus weiße Haube obendrauf.

Therese hatte auch etwas zu bieten.

„Schokoladentorte gefällig? Vom Dichtl!"

Sie holte mehrere Stücke aus einer Papiertüte.

„Bestechung?", fragte Brecht.

„Lebensmittel vergammeln zu lassen, ist unökologisch", stellte Dolores fest, „wir Polizisten sollten Vorbilder sein."

Therese war auch ein Vorbild und biss hingebungsvoll in ihr Stück, wohl das letzte für längere Zeit.

Währenddessen begann Irene zu erzählen.

„Wir sind beide Witwen. Mein Mann ist vor zwei Jahren gestorben, er war älter als ich. Den Knorr habe ich zufällig im Altstadtcafé kennengelernt. Er hat ganz höflich gefragt, ob er sich zu mir setzen darf. Okay, warum nicht? Ich habe ihm aber gleich klargemacht, dass ich nicht mehr im Angebot bin. Die Liebe meines Lebens ist immer noch in meinem Herzen, da ist kein Platz mehr frei. Der verlogene Kerl tat verständnisvoll, weil er Ähnliches erlebt habe. Aber hie und da mit jemandem reden, abends vielleicht gemeinsam in die Puppenkiste zu einer Opernaufführung, das sei ja keine Affäre, das seien nur kleine Fluchten aus der Einsamkeit."

„Ja ja, Verständnis heucheln, das konnte er prima", empörte sich Therese.

„Das Hinterhältige an der Sache war, dass er wusste, wer ich bin. In jungen Jahren war ich ihm wohl zu Diensten gewesen als Escort-Dame. Ich hatte nicht die geringste Erinnerung an ihn. Die Kundschaft geht, sobald sie gekommen ist. Knorr ließ sich Zeit mit dem, was er vorhatte. Wir gingen tatsächlich gemeinsam in die Puppenkiste. Die Zauberflöte, „der Hölle Rache kocht in meinem Herzen." Damals kochte sie noch nicht. Aber dann kamen die Erpresserbriefe. Von wegen Escort, hieß es da, käufliches Gebumse auf Chefetagen-Niveau, mehr sei das nicht. Es wäre mir doch sicher daran gelegen, dass die halbseidenen Tatsachen nicht an die Öffentlichkeit gelangten. Kostenpunkt 100.000 Euro."

Irene erzählte ohne Stocken. Jetzt erzählte sie ihre intimsten Geheimnisse schon zum zweiten Mal. Das erste Mal hatte sie sich Therese offenbart, mit jedem Mal fiel es ihr leichter.

„Dass der Knorr hinter den Briefen steckte, wäre mir nie in den Sinn gekommen."

Therese korrigierte mit Schokotorte im Mund: „Nicht Knorr, sondern von Stauffenberg, meine Liebe, von Stauffenberg. Die meisten Künstler, auch Verführungskünstler, arbeiten unter Pseudonym."

Irene fuhr fort.

„Also, dass der Knorr alias Stauffenberg hinter den Briefen steckte, ahnte ich immer noch nicht. Ich habe ihm mein Herz ausgeschüttet, er hat versprochen, mir zu helfen. Er würde den Briefeschreiber zur Strecke bringen."

Staffelübergabe. Therese fand, dass jetzt sie dran war. Schließlich war sie auch ein Opfer, und was für eins!

„Die Lösegeldübergabe war der Kern seines Geschäftsmodells. Er machte uns vor, er würde den Erpresser mit der Beute in flagranti ertappen. In Wirklichkeit fand gar keine Übergabe statt und er trug die Kohle ungehindert selbst nach Hause. Hinterher behauptete er dann, der Fehlschlag würde ihn so sehr belasten, dass er die Freundschaft nicht mehr verantworten könne. Vielleicht in ein paar Jahren wieder. Möge das Schicksal uns gewogen sein. Heuchler, gottverdammter!"

Sie hatte sich verausgabt. Irene übernahm das nächste Kapitel der Geschichte.

„Eine innere Stimme, sicherlich die von meinem verstorbenen Mann, riet mir, die Geldübergabe zu beobachten. Dabei fand ich heraus, dass niemand zum Treffpunkt kam, dass nichts übergeben wurde. Ich war noch wütender, als ich enttäuscht war. Jetzt kochte der Hölle Rache in meinem Herzen. Noch am selben Abend habe ich dem falschen Stauffenberg aufgelauert. Die Walther PPK war ein Relikt aus meiner Escort-Zeit, ich ging damals in jeder Hinsicht auf Nummer sicher. Leider habe ich mich als miserable Schützin erwiesen."

„Ein echter Jammer", ereiferte sich Therese, „so blieb ihm genug Lebenszeit, um auch mich hereinzulegen. Mit seinem gebildeten Getue samt Opernkiste und überhaupt!"

Irene spann den Faden weiter.

„Vor Kurzem habe ich Therese mit dem Stauffenberg im Dichtl gesehen. Er war offensichtlich wieder bei seiner Lieblingsbeschäftigung und hatte ein weiteres Opfer gefunden. Ich bin Therese gefolgt bis vor ihr Haus, habe den Namen Stauffenberg erwähnt, und wir haben bis Mitternacht geredet. Es war guter Rotwein vorrätig. Der hat uns geholfen, ein gebührendes Finale zu inszenieren. Der Hölle Rache, jetzt in doppelter Ausgabe!"

Therese blühte auf und schilderte den Showdown.

„Ich habe ihm eine SMS geschickt. Die hat ihn wohl neugierig gemacht. Er kam tatsächlich in den Wittelsbacherpark, auch wenn er angeblich emotional nicht in der Lage war für ein Treffen nach dem Übergabe-Desaster. Ich empfing ihn mit warmen und total verlogenen Worten, erklärte ihm, das Schneemann-Pärchen seien wir, ich hätte es aus Liebe erbaut. Ich habe ihn zugeballert mit Schöntuerei. Und ich sah zu meiner tiefsten Befriedigung, wie Irene von hinten auf ihn zutrat und den Spaten hob. Dann griff ich ins Gebüsch hinter mir, denn da war ein zweiter Spaten versteckt. Wir haben mit Wohlgefallen auf ihn eingedroschen. Es war eine ziemliche Sauerei, unsere Klamotten voller Blutspritzer und die Winterstiefel auch. Wir hatten zur Irreführung Größe 43 gekauft, mit Einlegesohlen und mehreren Lagen dicker Socken geht das. Die Klamotten sind längst entsorgt, der zweite Spaten ebenfalls. Also ein männlicher Einzeltäter anstatt zweier verwitweter Weiber. Das Handy haben wir auf dem Rückweg in ein Gebüsch geschmissen. Da würde es in der Kälte garantiert den Geist aufgeben. Alles ziemlich clever, oder?"

Innerlich musste Brecht zustimmen.

Innerlich stimmte auch Dolores zu.

„Ein Stück Torte ist noch übrig", stellte Therese fest, „vielleicht für die freundliche Dame am Empfang. Ich selbst bin pappsatt, das hält locker vor, bis der Haftbefehl der Staatsanwaltschaft eintrifft."

Als die beiden Witwen in den vorläufigen Gewahrsam abtransportiert waren, tat Dolores Unerhörtes. Sie lehnte sich zurück und legte die Beine auf den Tisch. Faszinierende Beine. Brecht kannte von früher die Örtlichkeit, wo diese Beine anfingen, und er kannte zudem die Weisheit, dass auch die schönste Frau an den Füßen zu Ende ist. Aber da waren ja noch die tiefgründigen Augen und die lockenden Lippen. Ein ganzer Haufen Indizien für eine schokoladentortensüße Nacht.

Dolores konnte seine Gedanken lesen: „Zu dir oder zu mir?" Der Fall war schließlich erledigt.

Also Feierabend mit Zweierkiste statt Puppenkiste.

Epilog

Gleich ist dieses Buch zu Ende, aber einen hab ich noch. Einen versöhnlichen Abschluss, zu singen auf die Melodie „Hark! The Herald Angels Sing“ von Mendelssohn Bartholdy. (Mit schönen Grüßen ans Christkindl.)

Dass der FC Bayern g'winnt
Der Computer nia net spinnt
Das Benzin für sieben Cent
Pumuckl for President
Ob'n a Himmi voller Geigen
Unt' Politiker, die schweigen
Des wär unterm Tannenbaum
Mein absoluter Weihnachtstraum

A Finanzamt, des mi liebt
Mir die Steuern wiedergibt
Für den Hass is Endstation
Selbst im Netz herrscht guter Ton
Koane Posts mit blöden Sprüchen
Klimawandel, der is g'strichen
Des wär unterm Tannenbaum
Mein absoluter Weihnachtstraum

Faul sei statt nur Rackerei
Dauerurlaub auf Hawaii
Und a Handy, des net stresst
'S ganze Jahr Oktoberfest
Wetter ohne Kapriolen
Fernsehn ohne Dieter Bohlen
Des wär unterm Tannenbaum
Mein absoluter Weihnachtstraum